Lieferantenbewertung
– aber wie?

Lösungsansätze und erprobte Verfahren

Horst Hartmann / Heinrich Orths / Nina Kössel

Lieferantenbewertung – aber wie?

Lösungsansätze
und erprobte Verfahren

Band 2
Praxisreihe Einkauf/Materialwirtschaft

Herausgegeben von
Prof. Dr. Horst Hartmann

6. überarbeitete und aktualisierte Auflage

Deutscher Betriebswirte-Verlag GmbH, Gernsbach

Bibliografische Informationen der Deutschen Bibliothek

Die Deutsche Bibliothek verzeichnet diese Publikation in der Deutschen Nationalbibliografie; detaillierte bibliografische Daten sind im Internet unter http://www.ddb.de abrufbar.

© Deutscher Betriebswirte-Verlag GmbH, Gernsbach 2017
6. Auflage 2017
Umschlaggestaltung: Jörg Schumacher, Gaggenau
Druck: CBS - Canon Business Service, Erfurt
ISBN: 978-3-88640-209-0

Inhaltsverzeichnis

Verzeichnis der Abbildungen		7
Verzeichnis der Abkürzungen		8
Verzeichnis der Beispiele		9
Vorwort		10
1.	Grundlagen und Grundtatbestände der Lieferantenbewertung	16
1.1	Modularer Aufbau des Lieferantenbewertungssystems	18
1.2	Ziele der Lieferantenbewertung	24
1.3	Nutzen der Lieferantenbewertung	30
2.	Projektorganisation, -ablauf und -umfang	33
2.1	Projektteam	33
2.2	Projektablauf	35
2.2.1	Festlegung der Anforderungskriterien	36
2.2.2	Festlegung der Gewichtungsfaktoren	43
2.2.3	Festlegung der Bewertungsregeln	48
2.2.4	Festlegung der Verarbeitungsregeln	57
2.2.5	Festlegung der Klassifizierungsgrenzen	62
2.3	Informationsgewinnung und -bereitstellung	67
2.3.1	Die Lieferantenselbstauskunft – Möglichkeiten ihrer Ausgestaltung	69
2.3.2	Die kriterienspezifische Lieferantenauditierung – Das Finanzaudit als konzeptionelles Beispiel	75
2.4	Verfahrenswahl	78
2.4.1	Notensysteme	79
2.4.1.1.	Das „Drei-Notensystem"	80
2.4.1.2.	Das „Fünf-Notensystem"	81
2.4.1.3.	Gewichtete Notensysteme	91
2.4.2	Punktbewertungsverfahren	93
2.4.2.1.	Dezimal-Punktbewertungsverfahren	94
2.4.2.2.	Hundert-Punktbewertungsverfahren	97
2.4.2.3.	Höchstpunktbewertungsverfahren	97
2.4.3	Kennzahlenverfahren	99
2.4.3.1.	Qualitätskennzahl und ihre Einflussfaktoren	99
2.4.3.2.	Bonitätskennzahl als Risikoindikator	103
2.5	Auswertung	111
2.6	Darstellungsformen	112

3.	Leitlinien zur Einführung und Anwendung eines Lieferantenbewertungssystems	113
3.1	Allgemeine Anwendungsaspekte	115
3.2	Grundsätze und Richtwerte	118
3.3	Wer bewertet was?	123
3.4	Verfahrensrichtlinien	124
4.	Erste Fallstudie	126
4.1	Zum Unternehmen	126
4.2	Das Lieferanten-Spektrum	126
4.3	Standardisierung der Anforderungskriterien	127
4.4	Das Bewertungsverfahren	130
4.5	Konsequenzen aus der Bewertung	133
4.6	Resümee	135
5.	Zweite Fallstudie	137
5.1	Das Unternehmen	137
5.2	Aufbau des Lieferantenmanagements bei der WAG	137
5.3	Tools der Lieferantenbewertung	141
5.3.1	Die halbjährliche Lieferantenbewertung	141
5.3.1.1.	Die zugrunde gelegten Kriterien	143
5.3.1.2.	Die „Soft Facts" – Kennzahlen	146
5.3.1.3.	Die Gewichtung der Bewertungskriterien	146
5.3.1.4.	Von der Individualbeurteilung zum Beurteilungsteam	147
5.3.2	Das Lieferantencockpit	148
5.3.2.1.	Im Cockpit werden nachfolgende Kennzahlen geführt und deren Entwicklung in gewisser Weise überwacht	149
5.3.3	Ausblick – Einführung eines Risikomanagements als Ergänzung der Lieferantenbewertung	150
5.3.3.1.	Das Risikomanagementsystem im Überblick	150
5.3.3.2.	Auswahl risikopolitischer Instrumente	151
5.4	Der Fragebogen als Grundlage der Risikobewertung	151
5.5	Der Bewertungsprozess	152
5.6	Risikopolitische Maßnahmen	154
5.7	Bewertung und Auswahl risikopolitischer Maßnahmen	154
5.8	Zusammenfassung	155
Anhang		156
Literaturverzeichnis		168
Stichwortverzeichnis		169

Verzeichnis der Abbildungen

Abbildung 1:	Lieferantenbewertung und -controlling als Elemente eines Lieferantenmanagementsystems	17
Abbildung 2:	„Stufenleiter" der Lieferantenentwicklung	25
Abbildung 3:	Lieferant des Jahres – Supplier Award	27
Abbildung 4:	Bausteine eines Lieferantenbewertungssystems	36
Abbildung 5:	Kriterien zur Bewertung der Lieferleistung und Leistungsfähigkeit – ein Schema	37
Abbildung 6:	Anforderungskriterien zur Bewertung der Leistungsfähigkeit – Haupt- und Teilkriterien	41
Abbildung 7:	Gewichtungsproblematik – ein Negativbeispiel aus der Praxis	46
Abbildung 8:	Bewertungssystematik unter Berücksichtigung von Gewichtungsbäumen (Zahlenbeispiel)	47
Abbildung 9:	Checkliste zur Bewertung des Preis- und Kostenmanagement (Wirtschaftlichkeit)	51
Abbildung 10:	Checkliste zur Bewertung der Versorgungssicherheit	52
Abbildung 11:	Checkliste zur Bewertung des Know-Hows	53
Abbildung 12:	Checkliste zur Bewertung des Lieferanten-Service	54
Abbildung 13:	Abgestufte Notenskala auf der Basis attributiver Erläuterungen	56
Abbildung 14:	Lieferantenportfolio (Praxisbeispiel)	66
Abbildung 15:	Lieferantenforschung – Primär- und Sekundärquellen der Informationsgewinnung	68
Abbildung 16:	Fragebogen für A-Lieferanten zu Wirtschaftlichkeit, Rentabilität, Stabilität, Produktivität, Progressivität (Praxisbeispiel)	71
Abbildung 17:	Lieferantenselbstauskunft – Fragebogen zum Qualitätsmanagement (auszugsweise Wiedergabe)	74
Abbildung 18:	Fragebogen zum Finanzaudit	77
Abbildung 19:	Das Drei-Notensystem zur Bewertung der Leistungsfähigkeit – auszugsweise Wiedergabe (Praxisbeispiel)	81
Abbildung 20:	Das „Fünf-Notensystem" als Verfahren zur Bewertung der Lieferleistung und Klassifizierung der Lieferanten (schematische Darstellung)	89
Abbildung 21:	Maßnahmenkatalog auf der Grundlage der für die Lieferleistung erzielten Gesamtnote	91
Abbildung 22:	Gewichtetes Notensystem (Praxisbeispiel)	92
Abbildung 23:	Dezimal-Punktbewertungsverfahren – Bewertungstableau (Praxisbeispiel)	96
Abbildung 24:	Höchstpunktbewertungsverfahren (Praxisbeispiel)	98

Abbildung 25:	Qualitätskennzahl: Erfüllungsgrad der Einzelelemente (Lieferantenspezifische Auswertung)	100
Abbildung 26:	Bonitätskennzahl: Standardisierte Schwellenwerte der bilanziellen Risikoindikatoren	106
Abbildung 27:	Risikoorientiertes Rating der Lieferanten nach einem standardisierten Klassifizierungsschema	107
Abbildung 28:	Ermittlung der bilanziellen Risikoindikatoren (Praxisbeispiel)	109
Abbildung 29:	Ermittlung der Bonitätskennzahl bzw. der Risikoklasse für einen A-Lieferanten	110
Abbildung 30:	Das Rad muss nicht unbedingt neu erfunden werden	114
Abbildung 31:	Gewichtete Haupt- und Teilkriterien	129
Abbildung 32:	Bewertungstableau für den Kriterienblock „Kosten"	131
Abbildung 33:	Der Lieferantenauswahlprozess	138
Abbildung 34:	Steuerungsmechanismen der Lieferantenbewertung	139
Abbildung 35:	Bewertungsklassen der Lieferantenbewertung	140
Abbildung 36:	Der Lieferantenbewertungsprozess	141
Abbildung 37:	Kriterien der Lieferantenbewertung	143
Abbildung 38:	Die Gewichtung der Bewertungskriterien	147
Abbildung 39:	Das Lieferantencockpit als Instrument zum monatlichen Soll-Ist-Abgleich	149
Abbildung 40:	Bewertungsbogen als Instrument zur Erfassung und Bewertung der Einzelrisiken (Praxisbeispiel)	153
Abbildung 41:	Die Bewertungskriterien und -regeln im Überblick	157
Abbildung 42:	Information des Lieferanten über die Bewertungsergebnisse (Einzelnote und Gesamtnote)	158
Abbildung 43:	Lieferantenselbstbewertung (Fragebogen)	166

Verzeichnis der Abkürzungen

AQL	Acceptable Quality Level
CBD	Coast Break Down
EDI	Electronic Data Interchange
EMP	Erstmusterprüfung
ERP	Enterprise Resource Planing
FMEA	Fehlermöglichkeitseinflussanalyse
GP	Gewichtungsprozentsatz
JiS	Just-in-Sequence
JiT	Just-in-Time
KAR	Kundendienstausfallrate

KVP	Kontinuierlicher Verbesserungsprozess
LBS	Lieferantenbewertungssystem
MAR	Montageausfallrate
MJV	Mehrjahresvertrag
MTZ	Materialteuerungszuschlag
P-FMEA	Produktions-FMEA
PQ	Qualitätsabteilung
QKZ	Qualitätskennzahl
QMS	QM-System
RBA	Reklamationsbearbeitung
SRM	Supplier Relationship Management
WEP	Wareneingangsprüfung

Verzeichnis der Beispiele

Beispiel 1:	Potenzialanalyse in der Anfragephase in einem mittelständischen Unternehmen	20
Beispiel 2:	Festlegung der Gewichtungsfaktoren / -prozentsätze	43
Beispiel 3:	Bewertungssystematik unter Berücksichtigung von Gewichtungsbäumen (Zahlenbeispiel)	47
Beispiel 4:	Bewertungsregeln für die Terminzuverlässigkeit	49
Beispiel 5:	Problematik kompensatorischer Effekte – Festlegung von Mindestmengen	59 / 59
Beispiel 6:	Berücksichtigung der unterschiedlichen Anzahl von Losen bei Berechnung des Qualitätsindex in einem Unternehmen der Automobilzulieferindustrie	60
Beispiel 7:	Konsequenzen aus der Klassifizierung von Lieferanten (Praxisbeispiel)	63
Beispiel 8:	Das „Fünf-Notensystem" als Verfahren zur Bewertung der Lieferleistung (Praxisbeispiel)	82
Beispiel 9:	Gewichtetes Notensystem (Praxisbeispiel)	92
Beispiel 10:	Dezimal-Punktbewertungsverfahren (Praxisbeispiel)	95
Beispiel 11:	Qualitätskennzahl für Fertigungsmaterial (Praxisbeispiel)	99
Beispiel 12:	Lieferantenrating – dargestellt an einem Praxisbeispiel	108

Vorwort

Da die klassische Zulieferbeziehung durch sehr viel komplexere Formen der Zusammenarbeit zwischen Einkauf und Lieferant abgelöst wird, schiebt sich die Lieferantenbewertung als ein objektives Instrument zur Sicherung und Steigerung des Leistungspotenzials der Lieferanten immer mehr in den Vordergrund. Die Auswahl des am besten geeigneten Lieferanten ist ein erster Schritt zum Erfolg. Viele Unternehmen haben das erkannt und ziehen im Einkauf eine analytische Denk- und Handlungsweise der oberflächlichen, rein historischen und oft subjektiv gefärbten Auswahl von Lieferanten vor. Im Allgemeinen aber wird noch nicht jede Möglichkeit zur Verbesserung der Entscheidungsbasis genutzt. Das Methodendefizit auf dem Gebiet der Lieferantenbewertung ist nach wie vor erheblich.

In dem vorliegenden Buch – zugleich Band 2 der Schriftenreihe Einkauf / Materialwirtschaft – wird der Versuch unternommen, diese Lücke zu schließen. Im Rahmen der thematischen und didaktischen Aufbereitung des umfangreichen Stoffes stehen Beispiele als Anwendungsgrundlage im Mittelpunkt. Checklisten zur Informationsgewinnung und Kriterienwahl sowie Verfahrenslösungen vermitteln dem aufmerksamen Leser eine Fülle von Anregungen. Auch wenn kein Patentrezept im Sinne eines allgemeingültigen Verfahrens angeboten werden kann, so bietet doch ein detaillierter und mit vielen Abbildungen, EDV-Auswertungen und Zahlenbeispielen versehener Erfahrungsbericht über ein realisiertes Lieferantenbewertungs-Projekt Orientierungshilfe. Damit wird exemplarisch aufgezeigt, wie im Einkauf durch Einsatz unterstützender Systeme Kosten- und Kapazitätseffekte zu erzielen sind.

Die Arbeit beschränkt sich auf die Güter des periodischen und laufenden Bedarfs, da diese für eine fortlaufende Lieferantenanalyse und -beobachtung mit anschließender Bewertungsmöglichkeit am besten geeignet sind. Flexibilität im Einkauf ist gerade hier aufgrund der zunehmenden Internationalisierung der Beschaffungsmärkte gefordert. Diese Flexibilität kann durch den Einsatz von EDV-gestützten Lieferantenbewertungssystemen erhöht werden.

Das Buch erhebt keinen wissenschaftlichen Anspruch, sondern hat dann seinen Zweck erfüllt, wenn es dem Ratsuchenden oder Studierenden als praxisorientiertes Anwendungshandbuch dient.

Auch wenn Erkenntnisse und Erfahrungen aus vielen Einzelfällen ausgewertet wurden, so wird es dennoch Lücken in der Darstellung geben. Die Autoren sind daher für jeden Hinweis dankbar.

Kiel, Mai 1992
Horst Hartmann

Vorwort zur zweiten Auflage

Umweltschutz geht alle an – auch die Lieferanten. Umweltorientiertes Einkaufsmanagement setzt daher voraus, dass die ökologischen Anforderungen bei der Lieferantenbewertung berücksichtigt werden. In der vorliegenden 2. Auflage wird der notwendigen ganzheitlichen Sicht der Umweltschutzaufgabe Rechnung getragen. Doch bleibt zu erwähnen, dass die Durchsetzung der Umweltschutzanforderungen oftmals ein schwieriger Prozess ist, da man aus wirtschaftlichen Gründen international einkauft.

Darüber hinaus wurden die seit Erscheinen der 1. Auflage in der Praxis sichtbar gewordenen Verhaltensänderungen in der Lieferantenforschung, ausgelöst durch die sich verbreitende Zertifizierung nach EN / ISO 9000, berücksichtigt. Auch die Beispiele aus der Praxis wurden aktualisiert.

Die Autoren sind für Hinweise, die zur weiteren Verbesserung des anwendungsorientierten Fachbuches führen, dankbar.

Überlingen, Juli 1997
Horst Hartmann

Vorwort zur dritten Auflage

Den wachsenden Herausforderungen der Märkte muss das Einkaufsmanagement mit neuen Strategien und Methoden begegnen. Das gilt nicht nur für große Unternehmen. Auch kleine mittelständische Unternehmen müssen unter zunehmendem Wettbewerbsdruck agieren und sich auf die Zukunft einstellen.

In diesem Zusammenhang ist nicht zu verkennen, dass bei weiter sinkender Fertigungstiefe die Bedeutung exzellenter Kunden-Lieferantenbeziehungen weiter gewachsen ist. Die Informationsbeschaffung über neue Lieferanten, aber auch die Beobachtung bestehender Lieferbeziehungen sind wesentliche Erfolgsfaktoren für ein gezieltes Lieferantenmanagement.

Diesen Entwicklungen trägt die dritte Auflage des inzwischen anerkannten Fachbuches vor allem dadurch Rechnung, dass neben der fortgeschriebenen „klassischen" Fallstudie ein weiteres Praxisbeispiel zur Lieferantenbewertung sowie praxisgerechte Bewertungstableaus und Checklisten aufgenommen wurden.

Darüber hinaus wurden alle Abschnitte mit dem Ziel überarbeitet, dem Ratsuchenden oder den Studierenden praxisgerechte Ansätze zur Lösung der vielschichtigen Bewertungsproblematik zu bieten, die dem Motto „Keep it Simple" gerecht werden. Allerdings ist stets zu bedenken, dass es „das" Lieferantenbewertungssystem nicht geben kann, das gleichsam per Rezept allen in Betracht kommenden Unternehmen in gleicher Weise verordnet werden könnte.

Überlingen, Sommer 2004
Horst Hartmann

Vorwort zur vierten Auflage

Ein leistungsfähiges Lieferantenbewertungssystem ist als fundamentale Voraussetzung für ein professionelles Lieferantenmanagement anzusehen. Es verwundert daher nicht, dass mit der Tendenz zum Aufbau und zur Entwicklung längerfristiger Kunden-Lieferantenbeziehungen der Einsatz eines modularen Lieferantenbewertungssystems zunehmend auch in mittelständischen Unternehmen als sinnvoll erkannt wird –, unabhängig von den an eine Zertifizierung gebundenen Voraussetzungen. Der zügige Verkauf der dritten Auflage ist dafür ein deutliches Indiz.

Als besonderer Aspekt einer systematisch verfolgten Lieferantenbewertung hat sich die Identifikation und Einschätzung von Risikopotenzialen herauskristallisiert. Dieser unternehmerischen Verantwortung muss der strategische Einkauf durch eine gezielte Vorgehensweise gerecht werden. Die nunmehr vorliegende vierte Auflage trägt dieser Entwicklung Rechnung, indem Lieferantenmanagement zugleich als Risikomanagement verstanden wird.
Darüber hinaus wurde die erste Fallstudie aufgrund der inzwischen vorliegenden Erfahrungen überarbeitet und aktualisiert. Im Vergleich dazu blieb die zweite Fallstudie, die auf eigenprogrammierten Bewertungs- und Klassifizierungsregeln beruht, unverändert, zumal sie in dieser Form nach der unternehmensinternen Umstellung auf SAP nicht mehr praktiziert wird. Da sich das Konzept nach übereinstimmender Auffassung der Anwender bewährt hat, kann die Fallstudie „zeitlos" im Sinne von Benchmarking als Referenzobjekt herangezogen werden.

Ich hoffe, dass die Erwartungen der Leser unabhängig von ihrer Funktion und Position im Unternehmen erfüllt werden.

Im Sommer 2008
Horst Hartmann

Vorwort zur fünften Auflage

Hinter einem scheinbar aufwendigen Lieferantenbewertungssystem verbirgt sich ein erhebliches Nutzungspotenzial. Voraussetzung dafür ist, dass ein aussagefähiges System vorliegt. Eine digitale Bewertung (gut – schlecht) macht keinen Sinn. Sie zeigt keine Verbesserungspotenziale auf und lässt die Bewertung „ins Leere laufen". Wie will der Einkaufsverantwortliche erkennen wie gut bzw. wie schlecht ein Lieferant wirklich ist? Wie kann er Ansatzpunkte finden, um gezielt die Kunden-Lieferantenbeziehungen zu steuern?

Es gilt somit, ein leistungsfähiges Lieferantenbewertungssystem zu entwickeln, das Stärken und Schwächen der Lieferanten und damit Verbesserungspotenziale erkennen lässt. Die leistungsfähigsten Lieferanten zu identifizieren und mit ihnen eine effiziente Zusammenarbeit zu gestalten, spielt in der Einkaufspraxis eine zunehmend wichtigere Rolle. Professionelles und nachhaltig angelegtes Lieferanten- und Risikomanagement setzt eine zuverlässige Informationsbasis auf der Grundlage eines aussagefähigen Lieferantenbewertungssystems voraus.

Wie ist nun vorzugehen? Welche Festlegungen sind im Einzelnen zu treffen? Welche Voraussetzungen für eine schlanke Lösung sind zu berücksichtigen? Auf diese und weitere Fragestellungen versucht das nunmehr bereits in der fünften Auflage erscheinende Fachbuch Antworten zu finden. Zahllose Beispiele und Checklisten sowie zwei Fallstudien aus der Einkaufspraxis bieten dem aufmerksamen Leser die Möglichkeit, auf richtungsweisende und umsetzbare Lösungsansätze zurückgreifen zu können.

Insbesondere die im Austausch neu aufgenommene Fallstudie eines in der Praxis bereits bewährten Konzepts bietet die Chance, sich mit einer modernen Version im Sinne einer nachhaltigen auch Risikoelemente umfassenden Lieferantenbewertung auseinander zu setzen. Darüber hinaus können die aktualisierten und ergänzten Ausführungen zu den Themenbereichen Informations- und Risikomanagement, vor allem zur Ermittlung einer Bonitätskennzahl und zur Einführung eines

Risikomanagementsystems hilfreich bei der Implementierung eines kompakten Lieferanten- und Controllingsystems sein. Insbesondere das in die vorliegende Auflage neu aufgenommene Konzept zur Ermittlung einer Bonitätskennzahl kann sich als sinnvolles Instrument erweisen, um – vergleichbar mit einer banküblichen Kreditprüfung – ein Lieferantenrating durchzuführen.

Das anerkannte Fachbuch ist als eine wesentliche Ergänzung zu den im Markt befindlichen Standard Softwareprogrammen anzusehen. Es zahlt sich buchstäblich aus, das Buch als Wegweiser durch den Dschungel vielfältiger konzeptioneller Rezepturen heranzuziehen. Es gilt für den Einkaufsprofi ebenso wie für den Jungeinkäufer, ob im strategischen oder operativen Einkauf tätig. Entscheidend ist die Erkenntnis, dass mit der Zunahme globaler externer Wertschöpfung der Einsatz eines aussagefähigen Lieferanten- und Risikobewertungssystems als Steuerungsinstrument unverzichtbar geworden ist.

Im Sommer 2013
Horst Hartmann

Vorwort zur sechsten Auflage

Im Rahmen der unternehmerischen Verantwortung des Einkaufs zählt die Lieferantenbewertung zu den wichtigsten Aufgaben. Die Gründe dafür sind vielfältig. So stellen die dokumentierten Bewertungsergebnisse die Grundlage für einen sachlichen Dialog mit den Lieferanten her. Deren Stärken und Schwächen werden schonungslos aufgedeckt und können den Anstoß zu einem stetigen Prozess des „Never-Ending-Improvement" bieten. Generell gilt, dass auf der Grundlage der Bewertungsergebnisse die Kunden-Lieferantenbeziehungen zielorientiert gesteuert werden können und in strategischen Handlungsalternativen wie Lieferantenentwicklung, -kooperation oder -integration ihren Niederschlag finden.

Man muss nicht Prophet sein, um vorherzusagen, dass im Zeitalter der Digitalisierung und weltweiten Vernetzung der direkte Kontakt und das persönliche Gespräch mit Lieferanten einen erhöhten Stellenwert erreicht. Ein leistungsfähiges Lieferantenbewertungssystem ist daher als integraler Bestandteil eines professionell angelegten Lieferantenmanagements zu sehen, das sich in erster Linie als Beziehungsmanagement verstehen sollte. Die verantwortlichen Mitarbeiter/-innen in den Funktionen Einkauf, Qualitätsmanagement und Logistik sind daher gefordert, kritisch zu prüfen, ob und inwieweit im wahrsten Sinne des Wortes ein System besteht, das eine objektive Bewertung der Lieferanten in der Weise sicherstellt, dass die von ihnen erbrachte Lieferleistung und – losgelöst davon – die eingeschätzte Leistungsfähigkeit deutlich erkennbar bleibt.

In der vorliegenden sechsten Auflage von Band 2 der Praxisreihe „Einkauf / Materialwirtschaft" werden die Grundsätze und Richtwerte, die für die Etablierung und Evaluierung eines aussagefähigen Lieferantenbewertungssystems als Grundvoraussetzung anzusehen sind, verstärkt herausgearbeitet. Dazu dienen die Ausführungen unter einem weiteren Gliederungspunkt ebenso wie die Aufnahme eines wegweisenden Praxisbeispiels und eines erklärenden Zahlenbeispiels. Weitere Checklisten mit Prüffragen zu einer abgestuften Potenzialbewertung wurden aufgenommen, darüber hinaus wurden die von den Co-Autoren verfassten Praxisbeispiele überarbeitet und aktualisiert.

Aus der Lektüre des Buches können – so die Hoffnung der Verfasser – die Mitarbeiter/-innen in Einkauf, Qualitätsmanagement und Logistik umsetzbare Anregungen gewinnen. Auch den Studierenden mit Schwerpunkt Einkauf / Logistik bietet das Buch eine praxisnahe Einführung in einen häufig verkannten komplexen Problemkreis.

Im Herbst 2017
Horst Hartmann

1. Grundlagen und Grundtatbestände der Lieferantenbewertung

Horst Hartmann

Das Problem der Lieferantenbewertung ist nicht neu. Auch bislang war der Einkauf bemüht, dem Unternehmen die günstigsten Bezugsquellen zu erschließen. Doch die Auswahl des „optimalen" Lieferanten erfolgte in der Regel unsystematisch und war von subjektiven Gesichtspunkten geprägt. Vernachlässigt wurde die Informationsgewinnung über die wirtschaftliche, ökologische und technische Leistungsfähigkeit eines (potenziellen) Lieferanten. Die entwickelten Verfahren des Angebotsvergleichs reichten dazu nicht aus. Strategische Aspekte der Lieferantenpolitik bleiben dabei unbeachtet.

Die heutige enge Verflechtung der internationalen Beschaffungsmärkte, die kurzen Innovationszyklen, der Produkt- und Qualitätsfortschritt auf dem Weltmarkt, das Auftreten von Versorgungsengpässen, die Verringerung der Fertigungstiefe und Just-in-Time-Beschaffung haben den Einkauf als Schnittstelle zu den Märkten verstärkt in den Mittelpunkt unternehmerischen Handelns gerückt und unverkennbar zu einer strategischen Ausrichtung der Beschaffungspolitik geführt. Eine neue, partnerschaftlich orientierte Lieferantenpolitik ist Bestandteil dieser Strategie. Um diese Partnerschaft vertrauensvoll gestalten zu können, bedarf es der genauen Kenntnis der Anforderungen und der Leistungsfähigkeit des Lieferanten. Mit anderen Worten:

- Wenn man die Lieferantenbewertung dem Zufall überlässt, wird sie zu einem Risiko für das Unternehmen.
- Nur ein System, das die Anforderungskriterien definiert sowie Leistungsfähigkeit und Lieferleistung des Lieferanten umfassend und objektiv bewertet, gibt allen Beteiligten Sicherheit für den internen Prozess und für die Kommunikation mit dem Partner.

Obwohl es kein allgemein gültiges System der Lieferantenbewertung gibt – jedes Unternehmen hat seine eigenen beschaffungspolitischen Zielsetzungen, aus denen Anforderungskriterien und Gewichtungen abzuleiten sind –, sollten doch die unter Ziffer 2 in diesem Buch dargestellten Bausteine eines leistungsfähigen Lieferantenbewertungssystems in ihrer Abfolge beachtet und von einem Projektteam entsprechende Festlegungen getroffen werden. Dabei muss nicht unbedingt „das Rad neu erfunden werden"!

Das Lieferantenbewertungssystem (LBS) sollte modular aufgebaut sein, um im Rahmen eines professionellen Lieferantenmanagements[1] eine eindeutige Aussage über die Leistungsfähigkeit von Lieferanten und über deren Lieferleistung zu erhalten und um damit ein zielgerichtetes Lieferantencontrolling zu ermöglichen (vgl. Abbildung 1), zumal Lieferantenmanagement zugleich Risikomanagement ist.

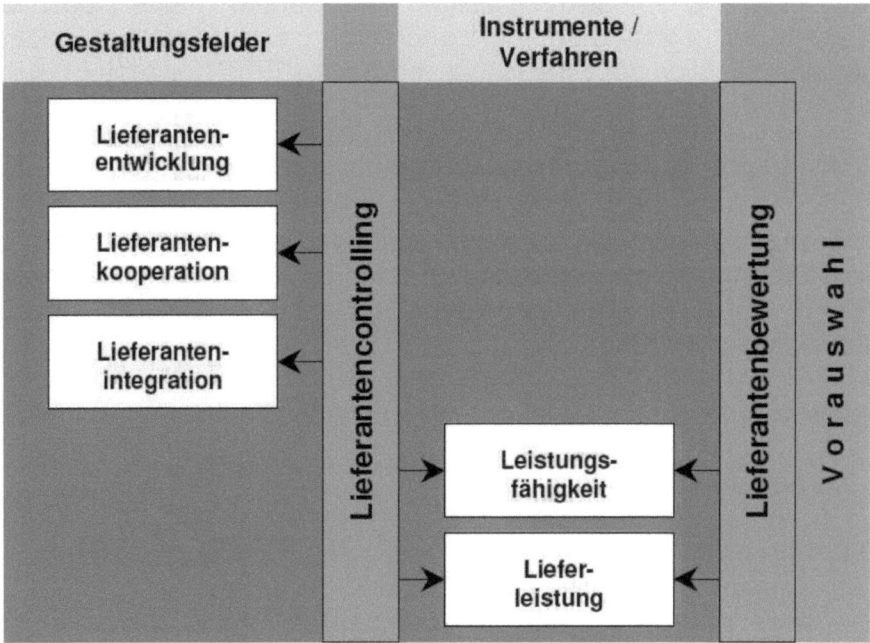

Abbildung 1: Lieferantenbewertung und -controlling als Elemente eines Lieferantenmanagementsystems

---

[1] Siehe ausführlich dazu vom Verf., Lieferantenmanagement: Gestaltungsfelder, Methoden, Instrumente, 3. Auflage, Gernsbach 2015, S. 23 ff und S. 108 ff.

Die leistungsfähigsten, zuverlässigsten und zugleich umsatzstärksten Lieferanten zu identifizieren und mit ihnen eine effiziente Zusammenarbeit zu gestalten, spielt in der Einkaufspraxis eine immer größere Rolle. Die wesentlichen Gründe dafür sind: Während einerseits die Beschaffungsvolumina steigen – in der verarbeitenden Industrie liegt die externe Wertschöpfungstiefe bei 60 % vom Umsatz[2] – und zunehmend global eingekauft wird, sollen andererseits Kosten bei gleichbleibender Qualität gesenkt werden. Stellhebel sind eine verringerte Anzahl zuverlässiger und leistungsfähiger Lieferanten, eine optimierte Steuerung der Logistikkette vom Lieferanten bis zum internen Bedarfsträger einschließlich der Umsetzung von Just-in-Time-Konzepten.

1.1 Modularer Aufbau des Lieferantenbewertungssystems

Ein aussagefähiges Lieferantenbewertungssystem sollte somit die Subsysteme (Module) „Lieferleistung" (Modul I) und „Leistungsfähigkeit" (Modul II) umfassen. Die „Formel" zur Ermittlung der Lieferantenqualität lautet dementsprechend:

- Lieferantenqualität = Lieferleistung + Leistungsfähigkeit

Als „Kurzformel" formuliert:

- LQ = LL + LF

In die Bewertung der Lieferleistung können im Prinzip alle Lieferanten von Produktionsmaterial einbezogen werden, da der Bewertungsprozess mit jedem Wareneingang ausschließlich auf der Basis der messbaren Qualitäts-, Termin- und Mengenzuverlässigkeit gewissermaßen automatisch erfolgt. Im Gegensatz dazu wird in der Einkaufspraxis nur die Leistungsfähigkeit der umsatzstärksten und strategisch wichtigen Lieferanten jährlich oder halbjährlich überprüft. Die Ergebnisse sind zweckmäßigerweise in einem Kalkulationsprogramm (z. B. in Excel) abzubilden.

---

[2] Siehe Online unter http://www.bundesbank.de
  → Publikationen
  → Statistiken
  → Statistische Sonderveröffentlichungen
  → Statistische Sonderveröffentlichungen 6

Sofern jährlich oder halbjährlich eine Zusammenfassung der Bewertungsergebnisse erfolgen soll, müssen die Einzelergebnisse gewichtet in das Gesamtergebnis einfließen. In dieser Hinsicht erscheint die nachfolgende Gewichtsverteilung[3] sinnvoll:

- Lieferantenqualität (= 100 %) = Lieferleistung (= 60 %) + Leistungsfähigkeit (= 40 %) oder
- Lieferantenqualität (= 100 %) = Lieferleistung (= 70 %) + Leistungsfähigkeit (= 30 %) oder

mit anderen Worten:

> Unter dem Gesichtspunkt der Versorgungssicherheit liegt der Fokus in der Regel auf der in dem zugrundeliegenden Zeitraum erbrachten Lieferleistung, so dass das Bewertungsergebnis im Vergleich zu der eingeschätzten Leistungsfähigkeit mit einem höheren Gewichtungsprozentsatz in das Gesamtergebnis einfließt.

Beispielhaft kann die Berechnung des Gesamtergebnisses wie nachstehend erfolgen:

Subsystem	Gewichtungs-prozentsatz	Einzelergebnis (Gesamtnote)	Gewichtete Gesamtnote
Lieferleistung	60 %	1,5	0,9
Leistungsfähigkeit	40 %	2,0	0,8
Gesamtergebnis:			<u>1,7</u>

Ergebnis:
Die Qualität des Lieferanten wird am Stichtag auf der Grundlage der vorliegenden Einzelergebnisse und angenommenen Gewichtungsprozentsätze mit 1,7 beurteilt.

Das Instrument der Lieferantenbewertung ist somit unter zwei Aspekten zu betrachten.

---

[3] Siehe beispielhaft im 5. Abschnitt unter Ziffer 5.3.1.

(1) Als System zur Bewertung der Lieferleistung besteht seine Aufgabe ausschließlich (!) darin, die Zuverlässigkeit der in die Bewertungssystematik einbezogenen Lieferanten zu erfassen. Es handelt sich damit um eine Ergebnisbewertung, die zum Ziele hat, die erbrachte Leistung und nicht die Leistungsfähigkeit zu beurteilen. Eine EDV-gestützte Wareneingangserfassung ist neben verantwortungsbewusster Datenpflege unabdingbare Voraussetzung für eine gerechte und nachvollziehbare Bewertung der definierten Zuverlässigkeitskriterien.

(2) Als System zur Bewertung der Leistungsfähigkeit wird geprüft, über welche Potenziale der Lieferant in den Bereichen der Entwicklung / Forschung, Fertigung, Qualitätssicherung, Logistik, Kommunikationstechnik, Umweltschutz / Ökologie und Finanzierung / Bonität verfügt. Eine derartig umfassende Potenzialanalyse wird in der Regel nur

- bei der Selektion umsatzstarker und strategisch wichtiger Lieferanten und
- in periodischen – zumeist jährlichen oder halbjährlichen – Abständen

durchgeführt.

Ein Lieferantenaudit oder zumindest ein strukturierter Lieferantenbesuch sind in diesem Zusammenhang unentbehrlich, um einzuschätzen, inwieweit der Lieferant die definierten Fähigkeits- bzw. Potenzialkriterien, d. h. die sogenannten Soft Skills oder Soft Facts erfüllt.

Ebenso zwingend erforderlich erscheint auch eine eingehende Potenzialanalyse in der Anfragephase, d. h. im Rahmen der Lieferantenvorauswahl. Das nachfolgende Praxisbeispiel zeigt, wie durch abgestufte Vorgehensweise der Selektionsprozess optimiert werden kann.

Beispiel 1: Potenzialanalyse in der Anfragephase in einem mittelständischen Unternehmen

Zu den Produkten des in Südwestdeutschland ansässigen mittelständischen Unternehmens gehören innovative Lösungen von elektromagnetischen Lüftern und Wasserpumpenkupplungen für den Nutzfahrzeugbereich. Das Leistungsspektrum umfasst die Entwicklung und Erprobung, die Definition der Prozessketten und Prozesstechnologien sowie Supply Chain Produktion, Endmontage und das Qualitätsmanagement.

Der Einkauf ist integraler Bestandteil der Supply Chain-Ausrichtung des Unternehmens. Er ist der Geschäftsführung direkt unterstellt. Die Mitarbeiter/-innen sind vorwiegend im operativen Tagesgeschäft tätig, nehmen aber auch strategische und projektbezogene Aufgaben wahr. Versorgungssicherheit bei minimalem Bestandsniveau ist das primäre Ziel. Der Materialanteil liegt bei 50 % des Jahresumsatzes.

Das Unternehmen konzentriert sich auf wenige Kernkompetenzen. Lieferanten und Partnerfirmen spielen daher eine besondere Rolle. Sie müssen sich durch Kompetenz, Kreativität, Innovation und einen hohen Qualitätsstandard auszeichnen.

Die Lieferantenvorauswahl muss diesem hohen Anspruch in allen Punkten Rechnung tragen. So werden nicht nur die üblichen Kriterien wie Preisniveau, Lieferzeit und Zahlungsbedingungen als entscheidungsrelevante Auswahlkriterien herangezogen. Vielmehr müssen die potenziellen Lieferpartner eine Vielzahl weiterer Anforderungskriterien erfüllen. Ob dieses der Fall ist, wird in einem ersten Schritt auf der Basis eines Fragenkatalogs vom sogenannten Review-Team, das aus dem Einkauf und dem Qualitätsmanagement besteht, mit „ja" oder „nein" entschieden. In dem Fragenkatalog sind standardmäßig im Wesentlichen die nachfolgend aufgeführten Kriterien festgeschrieben:

- Selbstauskunft[4] des Lieferanten liegt vor und ist zufriedenstellend
- Zertifikate ISO 9001, ISO TS 16494, ISO 14001 liegen gültig vor
- Die Einkaufsbedingungen sind verhandelt und unterschrieben
- Die QSV sind verhandelt und unterschrieben
- Die Werkzeugverträge sind verhandelt
- Evtl.: Projektspezifische Anforderungen werden erfüllt
- Evtl.: Die Anfrage wird technisch und kommerziell erfüllt
- Evtl.: Erstes Lieferpartneraudit erfolgreich
- CBD[5] Coast Break Down / MTZ Materialteuerungszuschlag möglich
- Fähigkeit zur längerfristigen Festpreisgarantie

---

[4] Im Rahmen der Lieferantenselbstauskunft legt das Unternehmen vor allem auf Informationen zur Umsatzentwicklung und zum Qualitätswesen Gewicht. Informationen über die Finanzkraft werden u. a. über die Creditreform und durch Auswertung des Bundesanzeigers eingeholt.

[5] Coast Break Down zielt in erster Linie auf die Offenlegung der Materialpreise und der Wertschöpfung ab und führte in der Vergangenheit dazu, dass der Lieferpartner Einsparungspotenziale ohne Verringerung der Marge ausschöpfen konnte.

- Absicherung von Abrufschwankungen von ± 30 % / Consi-Lager[6]
- Fähigkeit zur 0-Fehler-Anlieferungsquote (keine WE-Kontrolle) sichergestellt
- Supply Market Steckbrief vorhanden
- Alternative L2-Lieferpartner vorhanden

Das Review-Team erteilt die Freigabe zur Durchführung des zweiten Schritts im Rahmen der Lieferantenvorauswahl nur dann, wenn alle Kriterien als erfüllt „abgehakt" werden können. Bei Beantwortung eines Kriteriums mit „nein" ist eine Begründung erforderlich, wenn der potenzielle Lieferpartner weiterhin betrachtet werden soll. Im Übrigen verfährt des Review-Team nach dem Grundsatz: Keine Ausnahme von der Regel!

Im zweiten Schritt des Lieferantenvorauswahlprozesses ist es Ziel zu überprüfen, ob sich der potenzielle Lieferpartner in voller Übereinstimmung mit den Vorgaben des Unternehmens / Einkaufs befindet, so dass er als für Lieferungen qualifizierter bzw. zugelassener Lieferant in Betracht gezogen werden kann. Grundvoraussetzung dafür ist, dass das komplett durchgeführte Audit keine Probleme / Schwachstellen aufgedeckt hat. Darüber hinaus basiert die Beschlussfassung des Review-Teams auf den nachfolgend skizzierten mit „ja" oder „nein" zu beantwortenden Kriterien:

- Werkzeugfreigabe erfolgt
- Werkzeuggebundene Teile entsprechen der Zeichnung (Freigabe erfolgt)
- Prozesssicherheit / Fähigkeitsnachweis erbracht
- Teilebezogene Erstmusterfreigabe erbracht
- Datenaustausch-System definiert?

---

[6] Das Konsignationslager (abgekürzt: Consi-Lager) stellt eine Variante der Lagerstrategie dar, bei der der Lieferant / Dienstleister Eigentümer der beim Kunden lagernden Ware bleibt. Nach physischer Warenentnahme geht das Eigentum an den Kunden über. Besonders wirkungsvoll wird diese Strategie, wenn sie mit VMI verknüpft wird. Der Lieferant / Dienstleister erhält sodann Zugriff auf das ERP-System des Kunden und disponiert eigenhändig innerhalb definierter Regeln und Grenzen die Bestände und Nachlieferungen. – Siehe im Einzelnen vom Verf., Bestandsmanagement und -controlling, 3. Auflage, Gernsbach 2017, S. 87 ff.

- Qualitätsservice,[7] Dokumentenbereitstellung etc. abgeklärt
- Kommunikation funktioniert auf allen Ebenen
- Projektfortschritt nach Terminplanung
- Kommerzielle Einigung (Preis, Mehrjahresvertrag, Kostenaufschlüsselung, Preisratio[8] etc.)

Nach dem Freigabebeschluss durch das Review-Team übernimmt das Qualitätsmanagement / Einkauf die Überwachung der weiteren Abwicklung bzw. der Lieferleistung. Das nächste Review erfolgt zu einem vom Team bereits festgelegten Termin.

Insgesamt ist anzumerken, dass

- der Prozess der Lieferantenvorauswahl auf die Einbindung leistungsfähiger, zuverlässiger und kooperativer Lieferpartner / Entwicklungslieferanten abzielt
- bereits im Anfragestadium die Langzeitausrichtung des Unternehmens erkennbar wird
- Kommunikation und Kooperation wesentliche Elemente der strategischen Ausrichtung darstellen
- die Potenzialanalyse auf Sicherstellung eines hohen stabilen Qualitätsniveaus bei gleichzeitiger Risikovermeidung bzw. -verminderung ausgerichtet ist
- die Beschlussfassung durch ein Team eine möglichst objektive Entscheidungsfindung gewährleistet

Festzuhalten ist:

- Ein Lieferantenbewertungssystem sollte nicht als Mischsystem konzipiert werden. Ein modularer Aufbau[9] ist in jedem Fall zu bevorzugen, um eine eindeutige Aussage über die Leistungsfähigkeit und – losgelöst davon – über die Lieferleistung eines Lieferanten zu gewährleisten.

---

7) Unter Qualitätsservice ist der ganzheitliche Umgang mit den Qualitätsanforderungen sowie die nachhaltige Qualität des Produktes aber auch in gleichem Maße die Dokumentation und die Fehler-Früherkennung zu verstehen. In diesem Bereich liegt nach den Erfahrungen des Unternehmens das größte Entwicklungspotenzial des Lieferpartners.
8) Preisratio zielt darauf ab, dass im Bereich der Großserienfertigung in den ersten Monaten und Jahren der Produktion durch Prozessverbesserungen oder -änderungen Einsparungen gemacht werden.
9) Siehe dazu auch die Ausführungen unter Ziffer 2.1.

- Bei der Bewertung der Lieferleistung steht die Frage nach der Zuverlässigkeit eines Lieferanten im Vordergrund, die mit jedem Wareneingang über einen Soll-Ist-Abgleich der Bewertungskriterien (Qualität, Termin, Menge) bewertet werden kann. Diese Vorgehensweise ist umsetzbar, da es sich ausschließlich um quantitative, d. h. messbare Kriterien, sogenannte Hard Facts, handelt. Die Einbeziehung von Kriterien der Leistungsfähigkeit, wie z. B. die Kriterien Preis / Kosten oder Flexibilität, führt zu Verwässerung des Ergebnisses und kann den Einkaufsverantwortlichen „in die Irre führen", obwohl sich dieser Online über das Ergebnis eines jeden Soll-Ist-Abgleichs jederzeit informieren kann.
- Bei der Zusammenfassung der Bewertungsergebnisse von Modul I (Lieferleistung, Ergebnisbewertung) und Modul II (Leistungsfähigkeit, Potenzialbewertung) sind diese z. B. im Verhältnis von 60 zu 40 zu gewichten.

1.2 Ziele der Lieferantenbewertung

Wie jedes Instrument im Einkauf ist die Lieferantenbewertung an den Zielen „Kostenminimierung" und „Sicherheit in der Versorgung" orientiert. Sie soll über die angestrebe Minimierung der Anschaffungskosten hinaus vor allem helfen, die Risiken, die aktuell und zukünftig aus Lieferbeziehungen herrühren, und die dadurch verursachten Fehlmengen- und Lagerhaltungskosten zu verringern sowie den Prüfaufwand der Wareneingangs- und Qualitätsprüfung zu optimieren. Man kann erwarten, dass sich bei EDV-gestütztem Lieferantencontrolling die Lieferbereitschaft gegenüber dem Betrieb und den Kunden des eigenen Unternehmens verbessert.

Im Einzelnen werden mit einer systematisch betriebenen Lieferantenbewertung u. a. folgende allgemeine Ziele verfolgt:

- Objektivierung der Lieferantenauswahl und des -qualifizierungsprozesses
- Optimierung des Lieferantenportfolios
- Steuerung der Kunden-Lieferantenbeziehungen (SRM)
- Verbesserung des monetären und nicht-monetären Wertbeitrages
- Nutzung der externen Wertschöpfungskompetenz
- Kontinuierliche Verbesserung der Lieferantenqualität (KVP)
- Verringerung des Versorgungsrisikos

- Verbesserung der Wettbewerbsposition
- Schaffung von Problembewusstsein.

Das Ziel, subjektive Entscheidungskriterien auszuschließen, steht häufig im Vordergrund eines die Lieferantenwahl unterstützenden Lieferantenbewertungssystems. Doch verändern sich Lieferanten mit der Zeit, insbesondere was die Leistungsfähigkeit anbelangt. Deshalb müssen dokumentierte Informationen über die Lieferleistung die Grundlage für den sachlichen Dialog zwischen Einkäufern und Lieferant herstellen.

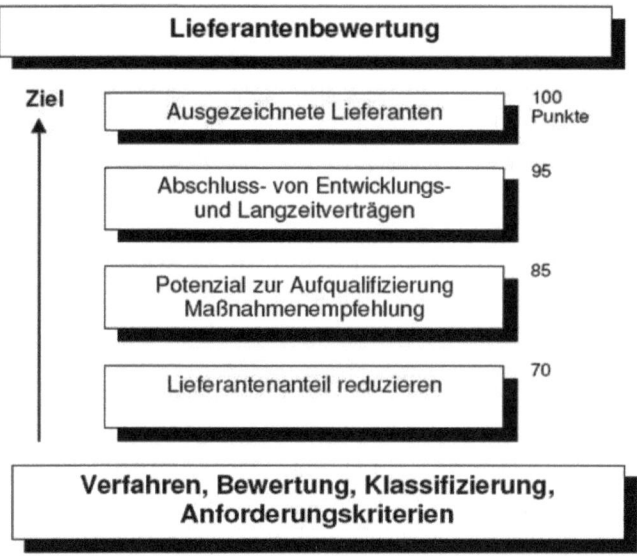

Abbildung 2: „Stufenleiter" der Lieferantenentwicklung

Die Lieferantenbewertung hat aber – wie Abbildung 2 zu verdeutlichen versucht – nicht nur den negativen Aspekt, die „Spreu vom Weizen" zu trennen und ungeeignete Lieferanten aus dem Anbieter- und / oder Lieferantenkreis zu eliminieren, d. h. diesen den Lieferanten-Status „Outphasen" zuzuordnen.[10] Vielmehr sollten im Rahmen einer gezielten Lieferantenentwicklung[11] auf der Basis der Bewertungsergebnisse die Schwachstellen beim Lieferanten transparent gemacht und diese nach eingehender Analyse in eigener Regie – d. h. durch Eigenoptimierung – oder durch gezielte Support-Maßnahmen ursächlich beseitigt werden. Die Ergebnisse der Lieferantenbewertung sollen demnach zu erkennen geben, wo und wie im Sinne eines Prozesses des „Never-Ending-Improvement" Lieferanten noch besser werden können.

Dieser Prozess der Lieferantenentwicklung kann sehr langwierig sein. Ihr Schwerpunkt wird in der Regel im Qualitäts- und Produktionsbereich liegen. Letztendlich dient sie der Sicherung der Wettbewerbsfähigkeit beider Partner.

Obwohl negative Auswirkungen einer Lieferantenentwicklung nicht auszuschließen sind, da der Lieferant möglicherweise auch aus der Sicht der Konkurrenz interessanter wird, so überwiegen in der Praxis offenbar doch die positiven Aspekte.

Im Übrigen ist es in einer partnerschaftlichen Geschäftsbeziehung ein Gebot der Fairness und Offenheit, dass die Lieferanten über die Bewertungsergebnisse und ihren „Tabellenplatz" in festgelegten regelmäßigen Abständen informiert werden. Geheimniskrämerei löst Misstrauen aus, es sei denn, den Lieferanten ist bekannt, dass ihnen nur im Negativfall eine entsprechende Mitteilung zugeht.

---

10) In der Einkaufspraxis erfolgt in der Regel die Einstufung in die Kategorie „Outphasen", wenn ein Lieferant mit einem erzielten Bewertungsergebnis von z. B. kleiner 70 % der maximalen Punktzahl die Anforderung des Kunden nicht erfüllt und dessen strategische Bedeutung äußerst gering ist. Im Zusammenhang mit dem „Outphasen"-Beschluss ist u. a. zu veranlassen, dass die Änderung des Lieferpartners angezeigt und das Teil in ERP gesperrt wird.

11) Siehe im Einzelnen vom Verf., Lieferantenmanagement, a. a. O., S. 68 ff.

Als Instrument zur Entwicklung und Pflege der Lieferantenbeziehungen kommt der Lieferantenpolitik[12] ein zunehmend höherer Stellenwert zu. Aus diesem Grunde nehmen Unternehmen anhand der Bewertungsergebnisse eine Einstufung der Lieferanten in Leistungskategorien vor. Die Einstufung kann die nachstehenden Konsequenzen zur Folge haben. In der Regel sind es nur wenige Lieferanten, die in die Top-Klassifizierungskategorie eingestuft werden können. Voraussetzung dafür ist ein exzellentes Bewertungsergebnis. Dieses kann – wie der praktische Anwendungsfall unter Beispiel 7 verdeutlicht – in der Weise definiert sein, dass ein ausgezeichneter Lieferant mindestens 95 % der als Maximum festgelegten Gesamtpunktzahl erreichen muss.[13]

Sofern ein „Spitzenplatz" erreicht wurde, kann diese Tatsache dem Lieferanten durch eine Auszeichnung (vgl. Abbildung 3) zertifiziert werden.

Abbildung 3: Lieferant des Jahres – Supplier Award

12) Siehe vom Verf., Materialwirtschaft: Organisation, Planung, Durchführung, Kontrolle, 9. Auflage, Gernsbach 2005, S. 43 ff. und S. 690 ff.
13) Zugrunde gelegt wird hier das Punktbewertungsverfahren, das unter Ziffer 2.4.2 näher erläutert wird. Die Grenzwerte liegen in der Praxis in dem hier angenommenen Bereich.

Die bestmöglich zu erfüllenden Anforderungskriterien sollten sowohl die Leistungsfähigkeit wie auch die Lieferleistung eines Lieferanten widerspiegeln und könnten unter Berücksichtigung des zugrunde liegenden Anforderungsprofils u. a. wie folgt definiert sein:[14]

→ Preispolitik
(Transparenz der Kostenstrukturen, Berücksichtigung von Rationalisierungs- und Lernkurveneffekten)
→ Logistik
(Absolute Liefertreue und Lieferfähigkeit, kurze Reaktions- und Fertigungsdurchlaufzeit)
→ Systemfähigkeit / Integrationsfähigkeit
(Fähigkeit eines Lieferanten, komplette Subsysteme / Module inkl. Konstruktion anbieten zu können, Managementfähigkeit komplexer Aufgaben und Prozesse)
→ Qualität
(Prozessbeherrschung, Beanstandungsquote)
→ Innovationsfähigkeit
(Technologische Spitzenposition, E-Business Fähigkeit)
→ Anpassungsfähigkeit
(Fähigkeit, sich schnell auf neue Situationen einzustellen)
→ Finanzstärke
(Fähigkeit zur Selbstfinanzierung von Entwicklungsprogrammen)

Ein ausgezeichneter Lieferant ist auf hohem Niveau qualifiziert. In allen Bereichen erbringt er Spitzenleistungen, alle „Hürden" hat er souverän gemeistert!

---

[14] Die in folgenden Abschnitten aufgenommenen Übersichten, Checklisten und Praxisbeispiele lassen erkennen, dass außer den Hauptkriterien Preis (-politik), Logistik und Qualität (-fähigkeit) eine Vielzahl weiterer Anforderungskriterien in der Praxis anzutreffen sind.

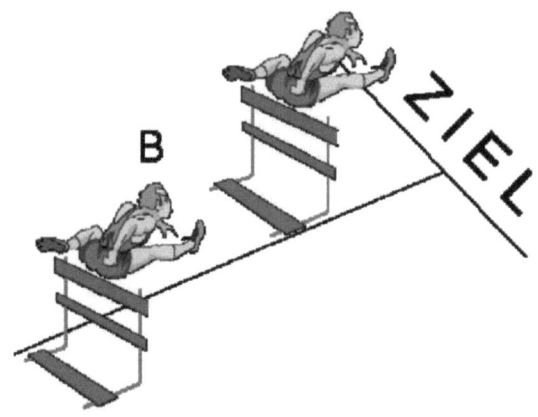

Ein „ausgezeichneter" Lieferant muss alle Hürden nehmen!

Ein ausgezeichneter Lieferant ist aus Sicht des Kunden ein potenzieller Kooperations- und Entwicklungspartner. Sofern als „bevorzugt" oder geeignet eingestufte Lieferanten für den Kunden z. B. aufgrund ihres Umsatzanteils von strategischer Bedeutung sind, können diese für eine gezielte und kooperativ angelegte Lieferantenentwicklung in Betracht gezogen werden. Nach eingehender Stärken-Schwächen-Analyse können Verbesserungspotenziale identifiziert und durch gezielte Maßnahmen ausgeschöpft werden. Ein zielführendes Lieferantencontrolling ist in diesem Zusammenhang ein adäquates Instrument zur Steuerung eines kontinuierlichen Verbesserungsprozesses.[15]

Nun wird bei dem Wort Lieferantenbewertung vorwiegend daran gedacht, dass dieses Instrument ausschließlich zur Beurteilung der Lieferanten bestimmt ist. Doch gibt der Dialog mit dem Lieferanten über die Bewertung auch dem Abnehmer die Chance, die Schwachstellen in der Zusammenarbeit mit den Lieferanten zu erkennen. Auch ist ihm dadurch die Möglichkeit gegeben, festzustellen, wo sein Verbesserungspotenzial liegt. So können dem Lieferanten Risiken nicht angelastet werden, wenn häufig Bestelländerungen erfolgten, Material- / Spezifikationstoleranzen zu eng, Termine überkritisch waren oder Beschaffungszeiten nicht gepflegt werden.

- Die Lieferantenbewertung schafft damit Problembewusstsein auf beiden Seiten und ist kein Schüler-Lehrer-Spiel!

---

[15] Siehe ausführlich dazu vom Verf., Lieferantenmanagement, a. a. O., S. 67 ff. und 108 ff.

- Oberstes Ziel ist es demnach, die Wertschöpfungskette gesamthaft zu optimieren, um kosteneffektive kundenorientierte Lösungen zu realisieren. Gleichzeitig wird durch gezielte Vorgehensweise eine Steigerung der Wettbewerbsfähigkeit erreicht, da Schwächen in der Zusammenarbeit identifiziert und minimiert sowie Stärken der Lieferanten erkannt und genutzt werden (können).

Es ist nicht von der Hand zu weisen, dass das Strategiekonzept Supplier Relationship Management – verdeutscht „Lieferanten-Beziehungsmanagement" – zu einer radikalen Veränderung der Geschäftsbeziehungen führt und nur im Rahmen einer von beiden Partnern gelebten kooperativen Unternehmenskultur umzusetzen ist. Ein leistungs- und damit aussagefähiges Lieferantenbewertungssystem ist dafür eine unverzichtbare Voraussetzung!

1.3 Nutzen der Lieferantenbewertung

Der Nutzen eines beschaffungspolitischen Programms, das sich an den Ergebnissen der Lieferantenbewertung orientiert, ist kaum zu quantifizieren. Doch können sich für den Einkauf und Lieferanten wesentliche ertragswirksame Vorteile ergeben, wenn ein hoher Leistungsgrad erreicht und auf Dauer sichergestellt ist. Der Einkauf wäre sodann in der Lage, auf seinen monetären und nicht-monetären Wertbeitrag zu verweisen, den er durch eine ergebnisorientierte Steuerung der Kunden-Lieferantenbeziehungen erreichen konnte. So kann beispielsweise eine deutlich verbesserte Zuverlässigkeit oder Zusammenarbeit mit Lieferanten zu einer Verringerung der Lagerhaltungskosten – was einem monetären Wertbeitrag gleichkommt – und zu einer Verkürzung der Durchlauf- und Lieferzeiten – was einem nicht-monetären Wertbeitrag entspricht – und damit letztendlich zu einer erhöhten Kundenzufriedenheit führen. Das wiederum hat Auswirkungen auf die Wettbewerbsfähigkeit und die Ertragskraft des eigenen Unternehmens.

Festzuhalten ist:

> Der Einkauf hat grundsätzlich die Möglichkeit auf der Grundlage der Bewertungs- und Analyseergebnisse den Prozess der Lieferantenentwicklung nachhaltig zu steuern. Dabei sollte, aus der Sicht des Einkaufs, der Lieferant als externer Kunde respektiert und im Sinne des Win-Win-Konzepts beispielsweise durch Quotenerhöhung und / oder Vertragsverlängerung „honoriert" werden.

Als Vorteile sind u. a. zu nennen:

Aus Sicht des Einkaufs:

- Verringerung der Lagerhaltungskosten (Reduzierung der Sicherheitsbestände)
- Straffung / Reduzierung der Wareneingangsprüfung
- Direktlieferung der Teile in die Produktion
- Reduzierung der Anzahl der Lieferanten und damit des logistischen Aufwandes
- Früherkennung von Versorgungsrisiken[16]
- Einbindung innovativer Lieferanten in den Produktentstehungsprozess

Aus Sicht des Lieferanten:

- Kosteneinsparung durch Fehlerverhütung
- Ausweitung des Auftragsvolumens (durch Reduzierung der Lieferanten auf die wirklich leistungsfähigsten)
- Sicherung des Absatzvolumens über einen längeren Zeitraum durch längerfristige Verträge
- Kostensenkung durch längerfristige Personal- und Fertigungsplanung
- Bessere Beschaffungsplanung durch längerfristige Verträge
- Know-How-Austausch bzw. Mitwirkung im „Club der Besten"
- Mitarbeit in Entwicklungsteams

Diese Vorteile schlagen sich letztendlich für beide Partner in einer Verbesserung der Wettbewerbsfähigkeit nieder.

Ein im wahrsten Sinne unschätzbarer Nutzen ist aus der Tatsache abzuleiten, dass sich die Kunden-Lieferantenbeziehungen nicht im „luftleeren Raum" bewegen, sondern die Grundlage dafür in einer umfassenden Informationsbasis zu sehen ist. Der Rückgriff auf ermittelte Bewertungsergebnisse bietet sich an, da diese durchweg

– aussagefähig,
– nachvollziehbar,
– fundiert

sind.

---

[16] Siehe im Einzelnen vom Verf., Modernes Einkaufsmanagement – Global Sourcing – Methodenkompetenz – Risikomanagement, 2. Auflage, Gernsbach 2014, S. 108 ff.

Die Diskussion unter den Geschäftspartnern bewegt sich damit auf einem datentechnisch abgesicherten Niveau. Entsprechende Gesprächs- und / oder Verhandlungsziele können schneller erreicht werden. Reibungsverluste werden minimiert, sofern und solange die Bewertungsergebnisse als absolut gerecht angesehen werden.

Darüber hinaus bauen im Rahmen eines professionell verfolgten Lieferantenmanagements die Lieferantenentwicklung und -integration auf den Ergebnissen der Lieferantenbewertung auf. Mit anderen Worten:

> Jede Lieferantenbewertung sollte innerhalb des bewertenden Unternehmens und vor allem gegenüber den Lieferanten mit Konsequenzen verbunden sein.

2. Projektorganisation, -ablauf und -umfang

Horst Hartmann

2.1 Projektteam

Auch wenn häufig – vor allem in kleineren mittelständischen Unternehmen – in erster Linie der Einkauf sich mit dem Aufbau und der Weiterentwicklung eines Lieferantenbewertungssystems (LBS) zu befassen hat, so ist diese Aufgabenstellung doch derartig komplex, funktionsübergreifend und zeitraubend, dass sich die Benennung eines Projektteams anbietet. In dieses sollten Funktionsträger einbezogen werden, die Entscheidungen im Rahmen des Lieferantenauswahl- und Qualifizierungsprozesses mit zu verantworten haben. Im Kernteam sollten daher vor allem je nach Organisationsform folgende Funktionen vertreten sein:

- Einkauf (strategischer Einkauf)
- Disposition (operativer Einkauf, Beschaffungslogistik)
- Qualitätssicherung

Darüber hinaus sind fallweise die Werksleitung (Produktion / Technik), die Entwicklung, das Controlling und die Organisation / EDV hinzuzuziehen.

Die Teammitglieder sollten von der Geschäftsführung benannt, der Projektauftrag klar definiert werden.

Mit der Einrichtung eines Projektteams ist weitgehend sichergestellt, dass funktionsübergreifend

- alle Erkenntnisse und Erfahrungen erfasst und verarbeitet,
- konfliktäre Interessen und Zielvorstellungen (Schnittstellenproblematik) harmonisiert und
- die sich aus der Arbeit mit dem System ergebenden Aktivitäten akzeptiert werden, zumal sich in der Regel aus dem Projektteam das Beurteilungsteam rekrutiert.

Aus der Beantwortung nachfolgender Fragestellungen, die in der Checkliste einer Zertifizierungsgesellschaft enthalten sind, kann im Wesentlichen der Projektumfang abgeleitet werden.

Die Fragestellungen lauten:

→ Besteht ein System zur Auswahl qualifizierter Lieferanten und sind die Kriterien hierfür eindeutig festgelegt?
→ Besteht ein System zur Beurteilung[17] von Lieferanten
  − vor der Auswahl und
  − während der Lieferungen?
→ Werden die Aufzeichnungen hierbei
  − zweckmäßig aufbewahrt und
  − ständig aktualisiert?
→ Besteht ein Einstufungssystem, in dem
  − zugelassene Lieferanten und
  − wichtige Lieferanten erkennbar sind?

Der anzustrebende Projektumfang ist damit recht eindeutig beschrieben: Das Lieferantenbewertungssystem sollte ganzheitlich konzipiert sein und – wie bereits unter Ziffer 1.1 skizziert – folgende Subsysteme (Module) umfassen:[18]

- **Modul I:**
  Bewertung der Lieferleistung, die regelmäßig mit jedem Wareneingang erfolgt und grundsätzlich alle Lieferanten von Fertigungsmaterial einbeziehen kann (Ergebnisanalyse).

- **Modul II:**
  Bewertung der Leistungsfähigkeit, die halbjährlich oder jährlich erfolgt und in die im Wesentlichen die umsatzstärksten Lieferanten und die Lieferanten von hoher strategischer Bedeutung, d. h. insgesamt 10-15 % der Lieferantenanzahl einbezogen werden (Potenzialanalyse). Ein vergleichbarer Bewertungsprozess kann auch fallweise beispielsweise beim Erstkauf oder beim nachhaltigen Auftreten von Leistungsschwankungen erforderlich sein.

Das vom Projektteam zu entwickelnde oder zu verbessernde LBS sollte vor allem durch folgende Erfolgsfaktoren gekennzeichnet sein:

- „Schlank" entsprechend dem Motto „Keep it Simple"

---

17) Die Begriffe Lieferantenbeurteilung und -bewertung werden in dieser Arbeit als Synonyme betrachtet.
18) Die Benennung und Behandlung der Module unter Ziffer 2.3 erfolgt aus Praktikabilitätsgründen in umgekehrter Reihenfolge.

- Flexibel durch Beachtung produktspezifischer oder situationsbedingter Unterschiede
- Reaktionsfähig durch Festlegung entsprechender Toleranzgrenzen und Bewertungsregeln sowie durch gezielte Datenerfassung und Datenverarbeitung
- Intelligent durch Einsatz moderner Informations- und Kommunikationssysteme einschließlich leistungsfähiger Hard- und Software

Vor diesem Hintergrund sollte das Projektteam vor dem Beginn mit der eigentlichen Projektarbeit – also gewissermaßen im Vorfeld – u. a. hinsichtlich folgender Fragestellungen eine Klärung herbeiführen:

→ Wie ist der Ist-Zustand des LBS im eigenen Unternehmen zu beurteilen? Sind spezifische Schwachstellen auszumachen?

→ Welche Lieferanten sollten in das LBS einbezogen werden (nach Wertgrenzen, strategischer Bedeutung, Produktgruppen etc.)?

→ Welche Produktgruppen und / oder Dienstleistungen sollten erfasst werden (C-Teile, Nicht-Produktionsmaterial, Reparaturleistungen etc.)?

→ Welche Einkaufs- und Logistikstrategien sollen in Zukunft verstärkt verfolgt werden (Lieferantenentwicklung und -integration, JiT-Anlieferungen etc.)?

→ Welche personellen, sachlichen und finanziellen Ressourcen stehen zur Verfügung?

→ ...

2.2 Projektablauf

Obwohl es kein allgemein gültiges System der Lieferantenbewertung gibt – jedes Unternehmen hat u. a. seine eigenen beschaffungspolitischen Zielsetzungen, aus denen Gewichtungen abzuleiten sind –, sollten doch im Rahmen der Projektbearbeitung die in Abbildung 4 aufgelisteten Ablaufschritte eingehalten und die erforderlichen Festlegungen unter Beachtung der erwähnten Erfolgsfaktoren eines leistungsfähigen LBS getroffen werden. Das gilt umso mehr, da die Gestaltungsmöglichkeiten in jedem Punkt schier unendlich sind. In jedem Fall sollte sichergestellt werden, dass der letztendlich standardisierte Bewertungsprozess eine nachvollziehbare Einstufung / Klassifizierung der Lieferanten gewährleistet.

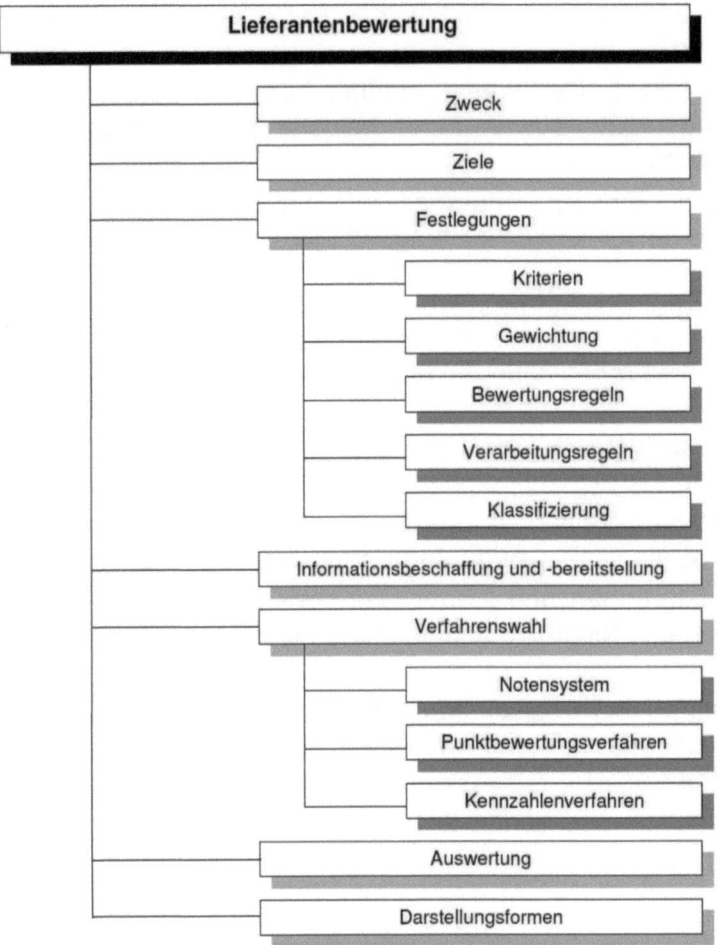

Abbildung 4: Bausteine eines Lieferantenbewertungssystems

2.2.1 Festlegung der Anforderungskriterien

Die Anzahl möglicher Anforderungs- bzw. Auswahlkriterien[19] ist überaus groß, und die Forderung, möglichst viele Indikatoren zu berücksichtigen, erscheint auf den ersten Blick einleuchtend. Zwingend ist dieses Vorgehen jedoch nicht. Wegen des steigenden Informationsbedarfs können nicht alle Faktoren erfasst und gemessen werden.

19) Durch den hier in der Regel verwendeten Begriff Anforderungskriterien soll zum Ausdruck gebracht werden, dass diese Eingangsgrößen für das Bewertungssystem als Vorgaben zu verstehen sind, die auf den Zielen der Unternehmenspolitik beruhen, da deren Erfüllung letztendlich von den (externen) Kunden erwartet wird.

Eine ausufernde Kriterienzahl verschärft auch das Problem der inhaltlichen Abgrenzung. Außerdem besteht bei qualitativen Indikatoren die Gefahr, dass Wunschvorstellungen vermehrt in die Bewertung einfließen.

Wie ist nun im Hinblick auf die Module I (Ergebnisanalyse) und II (Potenzialanalyse) ein Kriterien-Optimum zu bestimmen? Auf der Basis des modularisierten Aufbaus des LBS bietet sich folgende – in Abbildung 5 schematisch dargestellte – Vorgehensweise an:

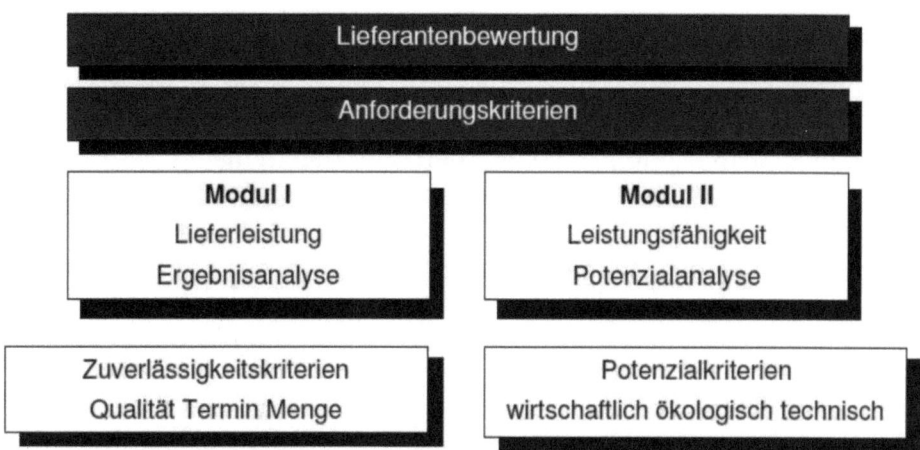

Abbildung 5: Kriterien zur Bewertung der Lieferleistung und Leistungsfähigkeit – ein Schema

- Modul I:

Bei der Bewertung der Lieferleistungen werden in der Regel die Qualität der Serie sowie die Termin- und Mengenzuverlässigkeit betrachtet (vgl. Abbildung 5). Diese Indikatoren sind wie folgt kurz zu beschreiben:

Qualität: Mit diesem Kriterium wird die Qualität der von einem Lieferanten gelieferten Materialien beurteilt. Die Bewertung findet beim Wareneingang statt.

Terminzuverlässigkeit: Mit diesem Kriterium wird beurteilt, wie genau der Lieferant die vereinbarten Liefertermine einhält, wobei eine Karenzzeit festgelegt sein kann.

Mengenzuverlässigkeit: Mit diesem Kriterium werden die Mengenabweichungen zu der bestellten (abgerufenen) Menge, die über eine Karenzmenge hinausgehen, bewertet.

Diese Indikatoren sind quantifizierbar und daher automatisch (systemgestützt) messbar (sogenannte Hard Facts). Die erkennbaren und bewerteten Sachverhalte lassen sich spezifischen Ereignissen (Wareneingängen) eindeutig zuordnen und sind daher nachprüfbar.

Es empfiehlt sich,

> die von den Lieferanten erbrachte Lieferleistung ausschließlich auf der Grundlage der erwähnten Zuverlässigkeitskriterien zu bewerten und die Bewertungsergebnisse nicht durch die Einbeziehung anderer Indikatoren (z. B. Preisverhalten, Kommunikationsfähigkeit etc.) zu verwischen oder gar zu manipulieren.

- Modul II:

Auch wenn davon auszugehen ist, dass sich in der Lieferleistung die Leistungsfähigkeit eines Lieferanten widerspiegelt, so ist damit nur der Ist-Zustand erfasst. Um sich ein Urteil zu bilden, ob die Unternehmenspotenziale eine längerfristig positive Entwicklung des Lieferanten erwarten lassen, sind Anforderungskriterien zu definieren, die die wirtschaftliche, technische und ökologische Leistungsfähigkeit eines Lieferanten charakterisieren (vgl. Abbildung 5). Um die Leistungsfähigkeit eines Lieferanten einzuschätzen, müssen im Wesentlichen nicht messbare (qualitative) Kriterien, sogenannte Soft Skills bzw. Soft Facts zu Grunde gelegt werden (vgl. Abbildung 6).

In diesem Zusammenhang sollte grundsätzlich von folgenden Fragestellungen ausgegangen werden, die vom Projektteam bereits im Vorfeld geklärt werden sollten:

→ Welche Anforderungen der Kunden sind in Zukunft verstärkt zu erwarten (z. B. Flexibilität, Service etc.)?
→ Wie sollten im Rahmen der Unternehmenspolitik Einkauf und Logistik in Zukunft strategisch ausgerichtet sein (z. B. Internationalisierung des Einkaufs, Zusammenarbeit mit Lieferanten, Just-in-Time-Anlieferungen etc.)?

Vor dem Hintergrund dieser Erwägungen sind die Anforderungskriterien zu definieren. In der praktischen Umsetzung erweist es sich dabei als sinnvoll, sich auf eine geringe Anzahl von Hauptkriterien zu beschränken, die durch Teilkriterien (Elemente) näher beschrieben werden.

Grundsätzlich ist demnach zu entscheiden,

- welche und wie viele Hauptkriterien für die Bewertung der Leistungsfähigkeit der Hauptlieferanten zugrunde gelegt werden sollen,
- durch welche Teilkriterien (Elemente) die Hauptkriterien jeweils beschrieben werden sollen,
- inwieweit diese lieferanten- und / oder produktgruppenspezifisch definiert werden müssen und
- auf welche beschaffungspolitisch wesentlichen Faktorgruppen (Haupt- und Teilkriterien) sich aus wirtschaftlichen Gründen die Bewertungssystematik beschränken sollte.

Allerdings zeigen die Erfahrungen, dass an dieser Stelle der Kreativität der Teammitglieder nur schwerlich Einhalt zu bieten ist. In einem solchen Fall erweist es sich als zweckmäßig, den Auswahlprozess schrittweise in etwa wie folgt zu vollziehen:

(1) Kommentarlose Niederschrift aller von den Teammitgliedern genannten Kriterien auf einem Flip-Chart.
(2) Sortierung der Kriterien nach „wichtig", „weniger wichtig" und „überhaupt nicht wichtig", wobei die Zuordnung der Kriterien zu einer der drei Gruppen im Wesentlichen dadurch bestimmt sein sollte, ob diese unter beschaffungspolitischen und -strategischen Gesichtspunkten eine Kernaussage ermöglichen.
(3) Auswahl und Festlegung der Hauptkriterien aus der Gruppe der „wichtigen" Kriterien.
(4) Auswahl, Festlegung und Zuordnung relevanter Teilkriterien, die aus der Gruppe der „weniger wichtigen" Kriterien als beschreibende Elemente in Betracht kommen.

> Angemessen und durchaus praxisgerecht erscheint eine Konzentration auf in etwa fünf bis sechs Faktorgruppen.

1 Preis- und Kostenmanagement

1.1 Preisniveau
1.2 Preisstabilität
1.3 Kostentransparenz
1.4 Preisverhandlungen
1.5 Energiekosten
1.6 Werkzeugkosten
1.7 Zahlungsbedingungen

2 Bonität – Finanzkraft

2.1 Kapitalausstattung
2.2 Liquidität
2.3 Umsatz
2.4 Cash-Flow
2.5 Unabhängigkeit
2.6 Gesellschaftsform
2.7 Haftung
2.8 Image – Marktstellung
2.9 Kompetenz (Management)

3 Standort

3.1 Transportdauer und -kosten
3.2 Verkehrsanbindung – Risiken
3.3 Sprache
3.4 Rechtsordnung
3.5 Geographische Lage
3.6 Mentalität
3.7 Gerichtsstand
3.8 Umweltschutzauflagen

4 Unternehmenspolitische Faktoren

4.1 Konzernpolitik
4.2 Personelle Verflechtung
4.3 Joint Ventures – Gemeinsame Beteiligung
4.4 Quoten / Abhängigkeiten
4.5 Gegengeschäfte
4.6 Langfristigkeit
4.7 Umweltschutz

5 Fähigkeit zur Termintreue

5.1 Angebotsabgabe
5.2 Erstmuster – Termine
5.3 Vor- / Nullserientermine
5.4 Technische Änderungen
5.5 Sonderaktionen
5.6 Reklamationsbearbeitung

6 Kommunikation

6.1 Einhaltung von Zusagen
6.2 Verhalten bei Verhandlungen
6.3 Vorabinformation bei Störungen
6.4 Vertrauenswürdigkeit
6.5 Offenheit

7 Kapazität

7.1 Anzahl Mitarbeiter
7.2 Maschinenpark
7.3 Lagerkapazität
7.4 Marktanteil
7.5 Auslastung
7.6 Elastizität
7.7 Vertriebslogistik

8 Service

- 8.1 Beratung
- 8.2 Bearbeitungszeit
- 8.3 Reaktionszeit
- 8.4 Problemlösungen
- 8.5 Kulanz
- 8.6 Zusammenarbeit
- 8.7 Muster
- 8.8 Außendienst
- 8.9 Schulung

9 Flexibilität

- 9.1 Schnellschüsse
- 9.2 Sonderaufträge
- 9.3 Volumensteigerungen
- 9.4 Kapazitätsanpassungen
- 9.5 Änderungen
- 9.6 Just-In-Time-Bereitschaft
- 9.7 Bereitschaft zur Konsignation
- 9.8 Lernbereitschaft (Never-Ending-Improvement)

10 Entwicklungspotenzial

- 10.1 Innovations-, Risiko-, Investitionsbereitschaft
- 10.2 Trendfeeling
- 10.3 Innovationsrate
- 10.4 Marktwissen / Marktforschung
- 10.5 Produktmanagement
- 10.6 Problemlöser, auch ökologisch

11 Umweltschutz

- 11.1 Produkt
- 11.2 Produktionsverfahren
- 11.3 Verpackung
- 11.4 Lieferantenpolitik
- 11.5 WE-Prüfung
- 11.6 Ethische Standards

12 Qualitätsfähigkeit

- 12.1 Qualitätssicherungssystem
- 12.2 Qualitätssicherung in der Entwicklung
- 12.3 Qualitätssicherung in der Produktion
- 12.4 Qualitätssicherung während der Fertigung
- 12.5 Prüfmittelüberwachung
- 12.6 Qualitätssicherung bei Transport, Verpackung
- 12.7 Qualitätsdokumentation und QS-Dokumentation
- 12.8 Qualitätssicherung bei der Materialversorgung
- 12.9 Sicherungsmaßnahmen bei Gefahrengut

13 Know-How

- 13.1 Produktstrategie
- 13.2 Produktion
- 13.3 Qualitätsfähigkeit
- 13.4 Entwicklung
- 13.5 Ökologie
- 13.6 Patente
- 13.7 Schutzrechte

14 Versorgungssicherheit

- 14.1 Logistik
- 14.2 Lagerstrategie
- 14.3 Flexibilität
- 14.4 Kapazität
- 14.5 Lieferfähigkeit
- 14.6 Frühwarnsystem

Abbildung 6: Anforderungskriterien zur Bewertung der Leistungsfähigkeit – Haupt- und Teilkriterien

Die in Abbildung 6 zusammengestellten Faktoren- bzw. Kriterienblöcke sind nur als Orientierungshilfen zu verstehen, obwohl sie – allerdings in reduziertem Umfang – in der Praxis auftauchen. Gleichwohl muss betont werden, dass die Zusammensetzung der Kriterienblöcke grundsätzlich frei wählbar ist.

Tendenziell lassen insbesondere die Kriterien Wirtschaftlichkeit, Versorgungssicherheit, Technik (technisches Know-How) neben Service, Bonität und Ökologie eine eindeutige Aussage über die zukunftsweisende Leistungsfähigkeit der zu beurteilenden Lieferanten zu.

Es ist noch anzumerken, dass den Hauptkriterien möglichst stets die gleiche Anzahl von Teilkriterien zugeordnet werden sollte, um den Anschein einer unterschiedlichen (indirekten) Gewichtung dieser Kriterien zu vermeiden. So ist nicht zu übersehen, dass bei Festlegung auf 5 Teilkriterien auf jedes Kriterium (indirekt) ein Gewicht von 1/5 entfällt, während bei einer Entscheidung für z. B. sechs Teilkriterien jedes Kriterium nur zu 1/6 in die Bewertung einfließt!

Darüber hinaus kann es sich im Sinne eines risikoorientierten Lieferantenmanagements durchaus als sinnvoll erweisen, Risikobereiche wie Versorgungs-, Lieferanten- und Insolvenz- / Finanzrisiken aufgrund des Gefährdungspotenzials losgelöst von der Bewertungssystematik gesondert zu erfassen und deren Eintrittswahrscheinlichkeit und Wirkungsgrad einzuschätzen.[20]

---

20) Siehe im Einzelnen vom Verf., Modernes Einkaufsmanagement, a. a. O., S. 91 ff. sowie im zweiten Abschnitt unter Ziffer 2.4.3 f. und im 5. Abschnitt unter Ziffer 5.3.3 f. die Darstellung zur Einführung eines Risikomanagementsystems in der Praxis.

2.2.2 Festlegung der Gewichtungsfaktoren

Mit der Festlegung der anzuwendenden Anforderungskriterien ist die Problematik ihrer speziellen Differenzierung eng verbunden. Die Schwierigkeit wird durch die Tatsache ausgelöst, dass aus Gründen einer einheitlichen Lieferantenpolitik in der Regel die gleichen Indikatoren für alle Bedarfsfälle zur Anwendung kommen. Es ist aber leicht einzusehen, dass beispielsweise der Faktor Terminzuverlässigkeit in seiner Bedeutung erheblich von der jeweiligen Konjunkturlage auf den Beschaffungsteilmärkten abhängig ist. Auch kann je nach Beschaffungsobjekt die Qualitätszuverlässigkeit entscheidender sein als die Termintreue. Vor allem sind auch die Hauptkriterien und die diesen zugeordneten Teilkriterien, die ein Hauptkriterium beschreiben, in ihrer Bedeutung unterschiedlich einzuschätzen. Diese Beispiele zeigen, dass eine gleichgewichtige Benutzung der Faktoren problematisch ist.

Deshalb ist man in der Praxis dazu übergegangen, die festgelegten Anforderungskriterien zu gewichten, etwa dadurch, dass man diesen der eingeschätzten Bedeutung entsprechend Gewichtungsfaktoren (GF) oder Gewichtungsprozentsätze (GP) als Multiplikatoren zuordnet.

Beispiel 2:   Festlegung der Gewichtungsfaktoren / -prozentsätze

Ein Lieferant hat jeweils die Note 2 für die Kriterien Qualität und Terminzuverlässigkeit erhalten. Da die Qualität des Materials für den Kunden (Abnehmer) wesentlich wichtiger ist als die Terminzuverlässigkeit, ordnet dieser dem Kriterium Qualität den Gewichtungsprozentsatz 50 zu, dem Kriterium Terminzuverlässigkeit den Gewichtungsprozentsatz 25. Dadurch zählt die Note 2 für die Qualität bei der Berechnung der Gesamtnote doppelt so viel wie die Note 2 für die Terminzuverlässigkeit. Ob diese Differenzierung sinnvoll und daher nachahmenswert ist, muss jedoch bezweifelt werden.

Auch wenn die Gewichtungsfaktoren / -prozentsätze grundsätzlich frei wählbar sind, so sollte die Abstufung doch eindeutig sein (z. B. dadurch, dass Unterschiede in der Bedeutung durch ein mehrfaches des Basis-Gewichtungsfaktors 5 zum Ausdruck gebracht werden). In der Summe müssen die Faktoren immer 100 oder die Prozentsätze immer 100 % ergeben.[21]

---

21) Je nach Gewichtungssystematik sind in der Praxis auch Gewichtungsfaktoren zwischen 0 und 1 anzutreffen.

Wie ist nun im Einzelfall vorzugehen?

Sofern das Projektteam dem modularen Aufbau des Lieferantenbewertungssystems folgt, sollte auch die Gewichtungsproblematik – wie nachstehend erläutert – einer entsprechend differenzierten Lösung zugeführt werden:

- **Modul I**   Gewichtung der Zuverlässigkeitskriterien

Im Allgemeinen ist eine höhere Qualität des Bewertungsergebnisses nicht zu erwarten, wenn die Zuverlässigkeitskriterien gewichtet werden.

> Unternehmenspolitisch kann es kaum als gerechtfertigt angesehen werden, wenn im Zeichen eines umfassenden Qualitäts- und Bestandsmanagements eine Differenzierung erfolgt. Der Einfluss der Zuverlässigkeitskriterien hinsichtlich Kostenminimierung, Lieferbereitschaft etc. ist vergleichbar ausgeprägt.

Darüber hinaus ist mit einer Gewichtung auch ein Verlust an Transparenz verbunden. Unterschiede in der Gewichtung der Zuverlässigkeitskriterien sind häufig rational nicht zu begründen und daher auch gegenüber den Lieferanten kaum zu erklären. Im Allgemeinen sollte daher nach folgender Regel verfahren werden:

- Die Bewertung der Lieferleistung ist nach Möglichkeit „gewichtsneutral" vorzunehmen.
- Gewinnt ein Kriterium absolute Priorität, so ist dieses als K.O.-Kriterium zu definieren, d. h., der Lieferant scheidet bei Nichterfüllung dieses Kriteriums aus dem Anbieter- oder Lieferantenkreis aus.

- **Modul II**   Gewichtung der Potenzialkriterien

Bei den weitgehend nicht quantifizierbaren Faktoren zur Bewertung der Leistungsfähigkeit ist aufgrund der bestehenden Streubreite eine Nivellierung nicht gerechtfertigt.

In diesem Zusammenhang stellt sich die Frage, nach welchen Gesichtspunkten die Differenzierungen vorzunehmen sind, da eine unsystematische Vergabe der Gewichtungen den subjektiven Ermessensspielraum zu stark ausweiten würde.

Als wesentliche Gesichtspunkte kommen hier in Frage:

- Kostenminimierung
- Kapitalbindung

- Umsatzwachstum
- Sicherheit in der Versorgung

Im konkreten Anwendungsfall müsste sich das Team beispielsweise dahingehend entscheiden, ob die Flexibilität oder die Kommunikationsfähigkeit eines Lieferanten von gleichrangiger oder unterschiedlicher Bedeutung für die Versorgungssicherheit des Unternehmens sind und inwieweit die Bonität (Finanzkraft) eines Lieferanten darauf unmittelbar Einfluss nehmen kann. Die Abschätzung der unterschiedlichen Auswirkungen dieser Kriterien auf die Versorgungssicherheit bestimmt die Abstufung bei der Festlegung der Gewichtungsfaktoren bzw. -prozentsätze.

Darüber hinaus muss es Aufgabe des Projektteams sein, nicht nur für die Hauptkriterien, sondern auch für die Teilkriterien eine rationale Begründung für die Festlegung von Gewichtungsunterschieden zu finden. Dabei ist davon auszugehen, dass die jeweils einem Hauptkriterium zugeordneten Teilkriterien hinsichtlich ihrer einzuschätzenden Bedeutung ebenso miteinander konkurrieren wie es auch bei den Hauptkriterien der Fall ist. Daraus folgt:

> Die Gewichtung eines Hauptkriteriums sollte sich unter keinen Umständen aus der Summe der Gewichtungspunkte bzw. -prozentsätze der Teilkriterien ergeben, die diesem zugeordnet wurden.

Die nachfolgende Abbildung 7 ist in mehrfacher Hinsicht ein Beispiel dafür, wie die Festlegung der Gewichtung nicht erfolgen sollte. Im Einzelnen ist kritisch anzumerken:

- Zuverlässigkeitskriterien und Kriterien der Leistungsfähigkeit werden zusammengefasst, so dass eine eindeutige Aussage über den Erfüllungsgrad der erbrachten Lieferleistung nicht möglich ist.
- Die Gewichtung der Kriterien lässt Abstufungen hinsichtlich ihrer unternehmens- und beschaffungspolitischen Bedeutung nur unklar erkennen und erweckt eher den Eindruck einer Scheingenauigkeit.
- Die Gewichtung des Hauptkriteriums „Zuverlässigkeit" mit 25 Punkten sollte sich nicht aus der Gewichtung der Teilkriterien ergeben.

	Kriterien	Gewichtung
Zuverlässigkeit	Qualität	7
	Technik	7
	Logistik	6
	Flexibilität	5
	Gesamt	25

Abbildung 7: Gewichtungsproblematik –
ein Negativbeispiel aus der Praxis

Grundsätzlich ist somit zu klären, ob

- ausschließlich die Hauptkriterien oder
- die Haupt- und Teilkriterien

gewichtet werden sollten. Da sowohl die Hauptkriterien als auch die diesen jeweils zugeordneten Teilkriterien hinsichtlich ihrer Bedeutung miteinander konkurrieren, erscheint die „Sowohl-als auch-Lösung" sinnvoll. Die ebenfalls in der Praxis[22] anzutreffende Verknüpfung beider Gewichtungsprozesse, d. h. die Gewichtung des Hauptkriteriums entspricht dem Gesamtgewicht der diesen zugeordneten Teilkriterien, ist rational nicht nachvollziehbar.

Das Projektteam hat somit vor allem auf folgende Fragestellungen eine Antwort zu finden:

→ Soll grundsätzlich bei Modul I und Modul II auf eine Gewichtung der Bewertungsergebnisse verzichtet werden?
→ Sollen bei Modul I die Bewertungsergebnisse ungewichtet bleiben?
→ Soll bei Modul I ein Kriterium als K.O.-Kriterium definiert werden?
→ Wie ist im Rahmen von Modul II im Einzelnen vorzugehen?
  - Sollen ausschließlich die Hauptkriterien gewichtet werden?
  - Sollen nur die Teilkriterien gewichtet werden?
  - Sollen die Haupt- und Teilkriterien gewichtet werden?

[22] Siehe Abbildung 7 in diesem Abschnitt unter Ziffer 2.2.2.

> Im Übrigen bleibt die Gewichtung immer problematisch, da sie aufgrund der sich verändernden internen und externen Rahmenbedingungen nicht auf Dauer angelegt sein kann und stets die Gefahr einer Scheingenauigkeit in sich birgt.

Nachfolgend wird anhand eines vereinfachten Zahlenbeispiels die Vorgehensweise beim Vorliegen sogenannter „Gewichtungsbäume" aufgezeigt, d. h. bei durchgehender Gewichtung der aus Haupt- und Teilkriterien bestehenden Kriterienblöcke.

Beispiel 3: Bewertungssystematik unter Berücksichtigung von Gewichtungsbäumen (Zahlenbeispiel)

Für das Hauptkriterium „Service" und für die diesen zugeordneten Teilkriterien sind die nachstehend abgebildeten Gewichtungsfaktoren als Standardgrößen festgeschrieben.

Die vom Lieferanten X in zurückliegendem Geschäftsjahr in dem Servicebereich gezeigte Leistungsfähigkeit beurteilte das aus dem Einkauf, dem Qualitätsmanagement und der Technik bestehende Team mit einem gewichteten Erfüllungsgrad von gerundet 17 %.

Der für die Teilkriterien im Einzelfall eingeschätzte Erfüllungsgrad ist aus der nachfolgenden Übersicht zu ersehen:

Hauptkriterium (Gewichtungsfaktor)	Teilkriterien (Gewichtungsfaktor)	Bewertungsergebnis / Erfüllungsgrad
Service (20)	Beratung (20)	80 %
	Bearbeitungszeit (20)	85 %
	Reaktionszeit (25)	85 %
	Problemlösungen (10)	100 %
	Zusammenarbeit (25)	90 %

Abbildung 8: Bewertungssystematik unter Berücksichtigung von Gewichtungsbäumen (Zahlenbeispiel)

Die Überprüfung für das Hauptkriterium „Service" ergibt folgende Bewertung:

Rechengang

Der Lieferant hat im zurückliegenden Geschäftsjahr die Anforderungen im Servicebereich zu 17 % erfüllt. Dieser Prozentsatz fließt in die Gesamtbewertung – unter Berücksichtigung weiterer zu bewertender Kriterienblöcke – ein.

Teilkriterien / Gewichtete Bewertungsergebnisse:

Beratung:	20 * 80 %	= 16 %
Bearbeitungszeit:	20 * 85 %	= 17 %
Reaktionszeit:	25 * 85 %	= 21 %
Problemlösung:	10 * 100 %	= 10 %
Zusammenarbeit:	25 * 90 %	= 22 %
Bewertungsergebnis insgesamt		= 86 %

Hauptkriterium / Gewichtetes Bewertungsergebnis:

Service: 20 * 86 % = 17 %

2.2.3 Festlegung der Bewertungsregeln

Um sicherzustellen, dass stets nach den gleichen Bewertungsregeln verfahren und damit eine Vergleichbarkeit der Bewertungsergebnisse gewährleistet wird, ist eine eindeutige Antwort vor allem auf die folgenden Fragestellungen zu finden:

→ Wie sind Unterschiede im Erfüllungsgrad der Anforderungskriterien zu definieren und zu bewerten?
→ Wie ausgeprägt sollte die Skalierung (z. B. Dreier- oder Fünferskalierung) aufgebaut sein?
→ Welche Sonderfälle sollten beachtet werden?

Die Bewertungspraxis hängt in erster Linie davon ab, ob es sich um quantifizierbare (messbare) oder nicht quantifizierbare (qualitative) Anforderungskriterien handelt.

Bei quantifizierbaren Anforderungskriterien kann das Ausmaß des Fehlers bzw. die Größe der Abweichung vom Soll-Wert – beispielsweise bei der Qualitäts-, Termin- und Mengenabweichung – Grundlage einer abgestuften Bewertung sein. Das nachfolgende Praxisbeispiel veranschaulicht diese Bewertungssystematik.

Beispiel 4:   Bewertungsregeln für die Terminzuverlässigkeit

In einem mittelständischen Unternehmen wird die Abweichung zwischen vereinbartem und tatsächlichem Liefertermin in Tagen berechnet und wie folgt klassifiziert:

	Punkte
> + 7 Tage	0
+ 7 ... + 4 Tage	50
+ 3 ... - 3 Tage	100
- 4 ... - 7 Tage	50
> - 7 Tage	0

Die Berechnung der Abweichungen und die Vergabe der Punktzahlen oder Noten entsprechend dem erreichten bzw. berechneten Zuverlässigkeitsgrad erfolgt im ERP-System mit jedem Wareneingang automatisch.

In diesem Zusammenhang taucht das Problem kurzfristiger, nicht dokumentierter Terminänderungen auf. Um sicherzustellen, dass das Bewertungsergebnis, vor allem auch aus der Sicht des Lieferanten, den tatsächlichen Gegebenheiten entspricht und somit als „gerecht" angesehen werden kann, ist Datenpflege eine dafür unabdingbare Voraussetzung. Wurde gleichwohl eine Terminänderung von dem verantwortlichen Einkäufer oder Disponenten nicht dokumentiert, so sollte manuell eine entsprechende Korrektur des Bewertungsergebnisses erfolgen, bevor der Lieferant den Fehler entdeckt.

> Im partnerschaftlichen Zusammenspiel zwischen Kunden und Lieferanten ist Problembewusstsein auf beiden Seiten erforderlich!

Auch im Rahmen der Potenzialanalyse erleichtert die Bewertung des Lieferanten auf der Basis von Punkten oder Noten die Auswertung, da die zumeist nicht quantifizierbaren Kriterien (z. B. Preis- und Kostenmanagement, Know-How, Service etc.) auf diese Weise gleichnamig gemacht werden. Die verschiedenen Bewertungsergebnisse können somit zu einer Gesamtbewertung aufaddiert werden. In jedem Fall ist zu empfehlen, dass

- die Bewertung der Teilkriterien auf der Basis des vom Beurteilungsteam jeweils eingeschätzten Erfüllungsgrades erfolgen sollte,
- nur wenige Bewertungsstufen vorgesehen werden und
- die Vorgehensweise festgeschrieben wird.

Aus der Bewertung der Teilkriterien ergibt sich – wie unter Ziffer 2.4.1.2 beispielhaft aufgezeigt wird – die Bewertung des Hauptkriteriums als Mittelwert.

Sofern es zweckmäßig erscheint, kann für jedes Kriterium ein Mindesterfüllungsgrad vorgeschrieben werden.

Die Angabe von Punkten oder Noten je Anforderungskriterium und Lieferant erleichtert auch die Darstellung der Leistungsunterschiede zwischen Lieferanten und damit die Lieferantenauswahl und -entwicklung. Eine ausschließlich verbale Bewertung engt diese Möglichkeiten entscheidend ein.

Bei einer Bewertung nach Punkten oder Noten von nicht quantifizierbaren Anforderungskriterien sollte jedoch nicht übersehen werden, dass die Einstufung durch Schätzung erfolgt und die Beurteilung manipulierbar bleibt.

Durch vorformulierte Fragen (vgl. die Checklisten unter den Abbildungen 9, 10, 11 und 12) und – noch gezielter – durch Bewertungstableaus (vgl. das Praxisbeispiel unter Ziffer 4., Abbildung 32: Bewertungstableau für den Kriterienblock „Kosten") kann dieser Bewertungsproblematik entgegen gewirkt werden.

Teilkriterien	Erläuterungen	Note	GP
Preisniveau	• Die Preise sind seit 3 Jahren unverändert stabil und liegen im Durchschnitt 10 Prozent unter dem Referenzpreis.		
Preisverhandlungen	• Lieferant erweist sich uneingeschränkt als kompetenter und kooperativer Verhandlungspartner und ist stets zum Abschluss von Long-Life-Verträgen mit einer Laufzeit bis zu 5 Jahren bereit.		
Preis- und Kostentransparenz	• Lieferant ist „ohne wenn und aber" zur Offenlegung der gesamten Kalkulation und zur detaillierten Erläuterung der Kostenstruktur bereit.		
Kostenmanagement	• Lieferant verfolgt konsequent die Zielsetzung, durch wertanalytische Maßnahmen gemeinsam mit dem Kunden die Kosten der Produkte jährlich um 3 Prozent nachhaltig zu senken und die Kostensenkungspotenziale nach dem Win-Win-Prinzip auszuschöpfen.		
Liefer- und Zahlungsbedingungen	• Lieferant akzeptiert ohne Einwendungen die vorgegebenen Liefer- und Zahlungsbedingungen.		
Gesamtbewertung Preis- und Kostenmanagement			

Abbildung 9: Checkliste zur Bewertung des Preis- und Kostenmanagement (Wirtschaftlichkeit)

Teilkriterien	Erläuterungen	Note	GP
Logistik	• Die Logistik des Lieferanten ist schnittstellenfrei organisiert und im Rahmen eines unternehmensübergreifenden Supply Chain Management mit den strategisch wichtigsten Sub-Lieferanten digital vernetzt.		
Lagerstrategie	• Lieferant ist unabhängig von der Umschlagshäufigkeit der Teile zum Abschluss von Konsignationslagerverträgen mit einer Laufzeit von 3 Jahren und zu dispositiven Aktivitäten bereit.		
Flexibilität	• Lieferant erweist sich bei Bedarfsschwankungen von +- 30 Prozent und Terminänderungen mit einer Vorlaufzeit von 3 Werktagen als kompetenter Lieferpartner.		
Kapazität	• Lieferant verfügt in vollem Umfang über gewünschte Fertigungskapazitäten und einen Mehrschichtbetrieb.		
Lieferfähigkeit	• Lieferant verfügt über ein ausreichend bemessenes Sicherheitslager mit einer druchschnittlichen Bestandsreichweite von 5 Werktagen, um bei Fertigungseinbrüchen Lieferverzögerungen aufzufangen sowie über ein funktionsfähiges Frühwarnsystem zur unmittelbaren Unterrichtung des Kunden.		
Gesamtbewertung Versorgungssicherheit			

Abbildung 10: Checkliste zur Bewertung der Versorgungssicherheit

Teilkriterien	Erläuterungen	Note	GP
Produktstrategie	• Die Produktstrategie ist während des gesamten Produktlebenszyklus eindeutig kundenorientiert.		
Produktion	• Die eingesetzten Technologien entsprechen in vollem Umfang dem aktuellen Standard.		
Qualitätsfähigkeit	• Lieferant verfügt über ein funktionsübergreifendes und prozessorientiertes Qualitätssicherungssystem.		
Entwicklung	• Die Entwicklungszeit (Time-to-Market) ist im Vergleich zum Mitwettbewerber kurz.		
Ökologie	• Die Umweltbelastung durch Herstellung der Produkte und die Entsorgung der Abfallgüter werden in halbjährlichen Abständen erfasst und durch gezielte Maßnahmen verringert.		
Gesamtbewertung Know-How			

Abbildung 11: Checkliste zur Bewertung des Know-Hows

Teilkriterien	Erläuterungen	Note	GP
Beratung	• Lieferant berät umfassend, kompetent und gründlich vor Vertragsabschluss und während der Vertragslaufzeit.		
Bearbeitungszeit	• Die Bearbeitungszeit für Anfragen, Aufträge und Reklamationen entspricht stets den Vereinbarungen.		
Reaktionszeit	• Lieferant informiert unmittelbar, umfassend und präzise beim Auftreten von Problemen in der Fertigung und beim Versand.		
Problemlösungen	• Lieferant ergreift stets beim Auftreten fertigungstechnischer oder logistischer Schwierigkeiten die Initiative.		
Zusammenarbeit	• Lieferant verfügt über die notwendigen technischen Voraussetzungen, um den Datenaustausch über EDI abzuwickeln bzw. die digitale Vernetzung voranzutreiben.		
Gesamtbewertung Lieferanten-Service			

Abbildung 12: Checkliste zur Bewertung des Lieferanten-Service

Darüber hinaus können auch den Noten / Punktzahlen zugeordnete „Attribute" zur Vereinfachung und Objektivierung des Bewertungsprozesses beitragen. Die nachfolgende Auflistung bietet dazu einige Beispiele:

Noten-skala		„Attribute"		
1	immer	uneingeschränkt	problemlos	gut
2	häufig	eingeschränkt	einige Probleme	durchschnittlich
3	selten	überhaupt nicht	überwiegend Probleme	schlecht

Beispiel: Sofern Kostentransparenz von Seiten des Lieferanten „überhaupt nicht" gegeben ist, wird dieses Teilkriterium vom Beurteilungsteam mit einer Note „3" zu bewerten sein.

In jedem Fall ist es sinnvoll, die Bewertungsskala festzuschreiben und durch eine kurzgefasste Erläuterung verständlich zu machen, bei welchem vom Beurteilungsteam eingeschätzten Erfüllungsgrad welche Note bzw. Punktzahl zu vergeben ist. Sofern fünf Bewertungsstufen zugrunde gelegt werden sollen, könnte das Bewertungstableau wie in Abbildung 13 verfasst werden. Dabei wird unterstellt, dass die Bewertung nach Schulnoten erfolgt.

Bewertungsskala (Noten)	Erläuterungen	Attribute (z. B.)
1 = sehr gut	Erfüllung der Leistung ist in vollem Umfang gegeben	problemlos
2 = gut	Erfüllung der Leistung ist überwiegend gegeben	überwiegend problemlos
3 = zufriedenstellend	Erfüllung der Leistung ist teilweise gegeben	teilweise problemlos
4 = ausreichend	Erfüllung der Leistung ist kaum gegeben	kaum problemlos / überwiegend problematisch
5 = mangelhaft	Erfüllung der Leistung ist nicht gegeben	durchweg problematisch

Abbildung 13: Abgestufte Notenskala auf der Basis attributiver Erläuterungen

Festzuhalten ist:

> Die Prüffragen sollten durch überprüfbare quantitative Angaben und / oder durch Attribute bzw. durch attributive Ergänzungen die Anforderungen deutlich markieren, die hinsichtlich der einzelnen Teilkriterien jeweils von Lieferanten in vollem Umfang zu erfüllen sind, um vom Beurteilungsteam die Bestnote bzw. maximale Punktzahl zu erhalten. Bei Abstufungen in der Bewertung des jeweils erreichten Leistungsgrads kann sich das Beurteilungsteam am Ausmaß der Soll-Ist-Abweichung und / oder an der attributiven Skalierung orientieren.

Die zu dokumentierenden Bewertungsergebnisse sind entsprechend den in Excel oder einem anderen Kalkulationsprogramm eingegebenen Standards zu gewichten.

Als Sonderfälle sind unvorhersehbare und unkalkulierbare Ereignisse zu bezeichnen, die dazu führen (müssen), dass standardisierte Bewertungsregeln außer Kraft gesetzt werden. Als Beispiele dafür sind zu nennen:

- Durch Höhere Gewalt verursachte Lieferverzögerungen
- Durch Verkehrsunfälle verursachte Transportschäden

- Durch witterungsbedingte Engpässe verursachte Lieferverzögerungen

Auch Fairness gegenüber dem Lieferanten gebietet eine Korrektur der Bewertungsergebnisse, wenn dieser Leistungsstörungen nicht zu verantworten hat, da der Kunde (Abnehmer) diese direkt oder indirekt herbeigeführt hat. Typische Beispiele dafür sind:

- Kurzfristige Terminänderungen und / oder Volumensteigerungen, auf die der Lieferant zwar „flexibel" reagiert, die er aber nur über Teillieferungen erfüllen kann.
- Nachträgliche Konstruktionsänderungen, die zu Lieferverzögerungen führen.

Es steht außer Frage:

> Die Lieferantenbewertung ist keine Einbahnstraße! Problembewusstsein auf beiden Seiten zu schaffen, ist das Ziel!

2.2.4 Festlegung der Verarbeitungsregeln

Im Rahmen dieses vierten Schrittes zum Aufbau eines Lieferantenbewertungssystems ist vor allem hinsichtlich der Bewertung der Lieferleistung einwandfrei zu klären,

→ mithilfe welcher Kennzahlen und „Formeln" sowie mathematischer Verfahren (z. B. nach dem Verfahren der exponentiellen Glättung oder Mittelwertbildung) die Berechnung der quantifizierbaren Anforderungskriterien (automatisch) erfolgen soll,

→ wie viele Lieferungen (Wareneingänge) mindestens in die Bewertung einfließen müssen, um zu einer repräsentativen und damit vergleichbaren Aussage zu kommen, und

→ welche Ausnahmeregelungen zu treffen sind.

Da sich der Anwender – ob Kunde oder Lieferant – stets die Frage stellen wird, welche Bedeutung weiter zurückliegende Bewertungsergebnisse für die gegenwärtige Entscheidungssituation noch besitzen, sollten bei Anwendung der gleitenden Mittelwertrechnung nur die jeweils in den drei letzten Perioden ermittelten Einzelergebnisse in die Gesamtbewertung einbezogen werden. Obwohl mithilfe von Gewichtungsfaktoren aktuellen Ergebnissen ein größeres Gewicht gegeben werden könnte als weiter zurückliegenden Ergebnissen, erscheint dieser mathematisch durchaus denkbare Lösungsansatz nicht praxisgerecht. Von Vorteil ist in dieser Hinsicht die Anwendung der exponentiellen Glättung, da über die Einstellung des Glättungsfaktors Alpha die im Bewertungszeitraum angefallenen Ergebnisse exponentiell fallend gewichtet werden.[23] Das Verfahren ist u. a. in die SAP-Anwendung integriert.

Eine allgemeine Voraussetzung für die Verwendung von Kennzahlen ist, dass genügend Werte für die Berechnung herangezogen werden und diese repräsentativ sind. Als Praktikerregel gilt, dass mindestens sechs Wareneingänge Grundlage einer Bewertung sein sollten, um Zufallsergebnisse weitestgehend auszuschließen. In jedem Fall sollten in EDV-gestützten Lieferantenbewertungssystemen Angaben über die Anzahl der bei der Bewertung zugrunde gelegten Wareneingänge mitgeführt werden. Denn es erscheint durchaus fraglich, ob im folgenden angenommenen Beispiel beide Lieferanten gleich zu bewerten sind:

- Lieferant A hat das Unternehmen 100 Mal beliefert, von diesen Lieferungen treffen fünf mit Verspätung ein.
- Lieferant B hat das Unternehmen 20 Mal beliefert, wobei eine Verspätung zu verzeichnen ist.

In beiden Fällen erhält man als Zuverlässigkeitsindex (ZV) bei Verwendung der Kennzahl

$$ZV\ (in\ \%) = \frac{\text{Anzahl der pünktlichen Lieferungen}}{\text{Anzahl aller Lieferungen}} \cdot 100$$

den Wert 95 %!

Zum Zwecke der Vergleichbarkeit müsste insbesondere auch die zeitliche Verteilung der Verzögerungen in die Betrachtung einbezogen werden.

- Darüber hinaus ist die Genauigkeit der Aussage in starkem Maße davon abhängig, ob durch Auftragsbestätigungen oder Umdisponierungen geänderte Termine berücksichtigt, d. h. in das EDV-System eingestellt werden.

---

23) Siehe im Einzelnen vom Verf., Materialwirtschaft, a. a. O., S. 323 ff.

Wenn dieses nicht sichergestellt werden kann, bleibt zu erwägen, ob nicht jede Abweichung vom gewünschten Liefertermin als Verzögerung zu registrieren ist. Bei Just-in-Time-Beschaffung könnte eine solche Entscheidung aus beschaffungspolitischer und logistischer Sicht gerechtfertigt sein. Allerdings sind Ausnahmen bei einer derartig strengen Regelung die zwangsläufige Folge.

- Im Allgemeinen sind Abweichungen vom Liefertermin bei verschiedenen Materialien als unterschiedlich kritisch anzusehen.

In diesem Zusammenhang sind auch Komplementärbeziehungen, die vor allem zwischen der Termin- und Mengenzuverlässigkeit bestehen, zu beachten.

Beispiel 5: Problematik kompensatorischer Effekte –
Festlegung von Mindestmengen

Ein Lieferant liefert pünktlich, aber nicht die vereinbarte Menge. Um zu verhindern, dass der Lieferant eine gute Note bzw. hohe Punktzahl für die pünktliche Lieferung erhält, hat der Abnehmer (Kunde) eine Mindestmenge pro Material im Materialstammsatz festgelegt, die geliefert werden muss, damit ein Wareneingang in die Bewertung eingeht. In diesem angenommenen Fall wird die definierte Mindestmenge nicht erreicht. Das System wird nur die unzureichende Mengentreue mit einer schlechten Note bzw. Punktzahl bewerten.

Als weitere Ausnahmeregelungen können noch in Betracht kommen:

- Eine pünktliche Lieferung, die nicht die gewünschte Qualität aufweist, sollte nur als qualitativ nicht in Ordnung bewertet werden.
- Bei terminlich zu knapp platzierten Aufträgen, die die vom Lieferanten zugesagte Lieferzeit außer Acht lassen, ist die Messung der Terminzuverlässigkeit nicht angezeigt. (Eine Auswertungsmöglichkeit ist in der Bewertung der Flexibilität / Reaktionsfähigkeit des Lieferanten zu sehen.)
- Beim Single Sourcing muss für die Bewertung des Preisverhaltens ein Zielpreis festgelegt werden, da ein „marktgerechter" Preis als Vergleichsmaßstab nicht herangezogen werden kann.

Darüber hinaus stellt sich an dieser Stelle die Frage, ob bei einem Lieferanten, der mehrere Teile unterschiedlicher Art und Verwendungsgebiete liefert, die Bewertung materialbezogen erfolgen sollte. (So verursachen beispielsweise sechs verschiedene Kunststoffverpackungen von 1-4 Liter Volumen mit zwölf unterschiedlichen Dekorationen unterschiedliche Probleme mit ganz unterschiedlicher Gewichtung.)

Wie auch immer die Festlegungen getroffen werden, entscheidend ist, dass der Gesichtspunkt einer gerechten Bewertung aller Lieferanten nicht gefährdet wird. Daten- und Planungsqualität sind daher vom Kunden (Abnehmer) sicherzustellen. Darüber hinaus müssen in jedem Fall – das sei nochmals erwähnt – die Anzahl der von den Lieferanten im Bewertungszeitraum bezogenen Lose und die erhaltenen Teillieferungen (!) je Sachnummer erfasst und beachtet werden. Das nachfolgende Praxisbeispiel zeigt, dass dieser problematische Sachverhalt auch formelmäßig berücksichtigt werden kann.

Beispiel 6: Berücksichtigung der unterschiedlichen Anzahl von Losen bei Berechnung des Qualitätsindex in einem Unternehmen der Automobilzulieferindustrie

Das von einem namhaften Systemlieferanten der Automobilzulieferindustrie angewandte Verfahren der Qualitätsbewertung geht von den Entscheidungen in den Wareneingangsprüfungen aus. Anhand der angenommenen (i. O.) und nicht angenommenen (n. i. O.) Lose wird ein Qualitätsindex für alle in Frage kommenden Lieferanten errechnet. Die Formel, nach der die Bewertung erfolgt, lautet:

$$Q_i = 96 + \frac{(A - 96)}{3} \cdot \sqrt{B}$$

Dabei bedeuten:

Q_i = Qualitätsindex des Lieferanten in den Grenzen von 0 ... 100, wobei 100 die höchste und 0 die niedrigste Bewertung bedeutet

A = Prozent der angenommenen Lose

B = Anzahl der gelieferten Lose.

Diese Formel glättet weitgehend die Einflüsse der unterschiedlichen Zahl der von verschiedenen Lieferanten bezogenen Lose im Bewertungszeitraum und ermöglicht trotz einfacher Handhabung eine hinreichend gerechte Bewertung aller Lieferanten von Fertigungsmaterial.

So ergeben sich beispielsweise folgende Qualitätsindizes:

Gelieferte Lose (Stück)	Prüfaus- nahme (Stück)	Rück- weisung (Stück)	Angenommen (Stück)	%	Qualitätsindex Q_i
5			5	100	99
9			9	100	100
13		1	12	92	91
16		1	15	94	93
20	1	1	18	90	87

Berechnungsbeispiel:

Lose 5 – angenommene 5 = 100 %.

In die Formel eingesetzt ergibt das:

$$Q_i = 96 + \frac{(100 - 96)}{3} \cdot \sqrt{5}$$

$$Q_i = 96 + \frac{100 - 96}{3} \cdot 2{,}236$$

$$Q_i = 96 + \frac{4}{3} \cdot 2{,}236$$

$$Q_i = 96 + \frac{8{,}944}{3}$$

$$Q_i = 99$$

Zur einfachen Ermittlung der Q-Werte dient firmenintern eine Tabelle.

Aus den so ermittelten Qualitätsindizes wird die Einstufung (Klassifizierung) jedes Lieferanten hinsichtlich seiner Lieferqualität in eine der nachstehenden Klassen vorgenommen:

Klassifikation		Qualitätsindex
I	Gut	100
II	Mangelhaft	99 bis 85
III	Sofortmaßnahmen erforderlich	< 85

Die Bewertung wird monatlich durchgeführt. Jeder Lieferant kann diese für seine Lieferungen einsehen und sich für beliebige Zeiträume seinen Qualitätsindex selbst errechnen. Dabei sind n. i. O.-Lose, für die er Prüfberichte erhält, jeweils wegen Nichtübereinstimmung mit den Spezifikationen beanstandete Lose / Lieferungen. Sie gehen grundsätzlich an den Lieferanten zurück. Das in einer internen Qualitätssicherungsvorschrift beschriebene Bewertungsverfahren ist jedem Lieferanten zugänglich.

2.2.5 Festlegung der Klassifizierungsgrenzen

Für die Einstufung der Lieferanten als „ausgezeichnete", „bevorzugte" und „geeignete" Lieferanten sind Klassifizierungsgrenzen festzulegen, für die es naturgemäß – vergleichbar mit der A-, B-, C-Analyse – keine allgemein gültige Norm gibt. Allerdings gleicht die typische Klassifizierungsstruktur der einer Lieferantenpyramide:[24] Während – wie im Beispiel 7 – als Klassifizierungsgrenze für „geeignete" Lieferanten ein maximaler Bewertungsabstand von 15 Punkten vorgesehen werden kann, reduziert sich dieser bei „bevorzugten" Lieferanten auf 10 und bei „ausgezeichneten" Lieferanten auf 5 Punkte. Dieses Klassifizierungskonzept trägt dazu bei, dass stets nur relativ wenige Lieferanten der obersten Kategorie zugerechnet werden können.

---

[24] Siehe vom Verf., Lieferantenmanagement, a. a. O., S. 78 und H. Orths, Einkaufscontrolling als Führungsinstrument – Tipps und Tools für den Erfolg, Deutscher Betriebswirte-Verlag, 2. erw. und erg. Auflage, Gernsbach 2010, S. 131.

Auf der Basis der getroffenen Einteilung kann der Einkauf für jede Bewertungsklasse Normenstrategien und -maßnahmen festlegen. Im Einzelnen kann die Einstufung die im nachfolgenden Praxisbeispiel aufgeführten Konsequenzen haben:

Beispiel 7:   Konsequenzen aus der Klassifizierung von Lieferanten (Praxisbeispiel)

In einem Konzern der kosmetischen und pharmazeutischen Industrie sind die standardisierten Bewertungskategorien näher charakterisiert und die daraus aus der Sicht des Einkaufs zu ziehenden Konsequenzen wie folgt erläutert:

Ausgezeichnet: 95 bis 100 Punkte
Ein ausgezeichneter Lieferant ist ein Lieferant, der ein außergewöhnlich hohes Leistungsniveau in allen Bewertungskriterien nachweist und aufrechterhält. Ausgezeichnete Lieferanten werden bevorzugt bei:

- Neuen Verträgen und Langfristabschlüssen,
- Quotenfestlegungen,
- Just-in-Time-Beschaffung,
- Single Sourcing,
- Entwicklungsaufträgen,
- Gemeinsamer Produktentwicklung,
- Gemeinsamer Wertanalyse.

Ein ausgezeichneter Lieferant muss Spitzenleistungen erbringen. Sein Unternehmen muss auch die dafür erforderlichen Fähigkeiten haben. D. h. alle unternehmerischen Prozesse, ob in der Konstruktion, Produktion, Vertriebslogistik oder Rechnungswesen müssen optimiert sein.

Einem ausgezeichneten Lieferanten wird die Tatsache, dass er in allen Bereichen „Spitze" repräsentiert, durch eine Urkunde zertifiziert. Er kann Mitglied in einem Lieferantenforum werden, in dem er eine sehr konkrete Chance hat aktiv den Innovations- und Qualitätsprozess zu gestalten. Auch Lieferantentage stellen eine Möglichkeit dar, einem Kreis von ausgezeichneten, wichtigen Lieferanten Ziele und Zukunftspläne des Unternehmens zu erläutern.

Bevorzugt: 85 bis 95 Punkte

Ein bevorzugter Lieferant ist ein Lieferant, der ein außergewöhnlich hohes Leistungsniveau in allen Bewertungskategorien nachweist und aufrechterhält. Damit erfüllt er die Voraussetzung für den Abschluss von Langfristverträgen. Aufgedeckte Schwachstellen sind mittelfristig durch gezielte Maßnahmen durch Eigenoptimierung oder aktive Unterstützung der Lieferantenentwicklung zu beseitigen.

Geeignet: 70 bis unter 85 Punkte

Ein geeigneter Lieferant ist ein Lieferant, der alle Bewertungskriterien zufriedenstellend erfüllt und ein Potenzial zur Aufqualifizierung nachweisen kann. Dies bedeutet, dass der Lieferant in der Vergangenheit den Anforderungen weitgehend entsprochen hat.

Bei als geeignet eingestuften Lieferanten wird die strategisch orientierte Lieferantenpolitik darauf abzielen,

- den Lieferanteil zu stabilisieren,
- eine Lieferantenentwicklung einzuleiten.

Nicht annehmbar: unter 70 Punkten

Ein nicht annehmbarer Lieferant ist ein Lieferant, der wesentliche Schwächen in seiner Leistungsfähigkeit aufweist oder dessen Lieferleistung nicht zufriedenstellend ist.

Bei Lieferanten, die als nicht annehmbar eingestuft werden, sind Abstellmaßnahmen sofort vom Einkauf und der Qualitätssicherung in die Wege zu leiten. Mittelfristig ist der Lieferantenanteil zu reduzieren und eine Substitution vorzubereiten.

Im Einzelnen kann bei als nicht annehmbar eingestuften Lieferanten wie folgt vorgegangen werden:

(1) Der Lieferant wird vom Einkauf darüber benachrichtigt, dass er innerhalb einer bestimmten Frist Verbesserungsmaßnahmen durch Eigenoptimierung zu ergreifen hat.

(2) Der Lieferant muss schriftlich einen Plan über Abstellmaßnahmen mit Terminangaben vorlegen.

(3) Der Plan über Abstellmaßnahmen bedarf der gemeinsamen Zustimmung durch Lieferant, Einkauf und Qualitätssicherung. Der Fortschritt der Maßnahmen wird auf der Grundlage dieses Planes überprüft.

(4) Falls der Lieferant nicht den Nachweis erbringt, dass Maßnahmen zur Erzielung eines zufriedenstellenden Leistungsniveaus binnen der definierten Frist getroffen wurden, wird der Einkauf einen Plan über alternative Lieferquellen aufstellen.

(5) Sind (beispielsweise) unter 60 Punkte erreicht, so ist der Lieferant kurzfristig zu eliminieren.

Im Allgemeinen erweist sich eine Klassifizierung der Lieferanten dann als vorteilhaft, wenn auf dieser Grundlage im Rahmen einer langfristig angelegten kooperativen Lieferantenpolitik strategisch orientierte Maßnahmen in Zusammenarbeit mit den Lieferanten abgeleitet, definiert und durchgesetzt werden.

Allerdings ist zu beachten, dass

> die Klassifizierung zwar die Richtung der Lieferantenkooperation und -entwicklung bestimmt, darüber hinaus im Rahmen eines professionellen Lieferantenmanagement aber auch die strategische Bedeutung der Lieferanten zu beachten ist. Dieses Entscheidungskriterium kann neben den Klassifizierungsergebnissen bei der Anlegung eines Lieferantenportfolios Berücksichtigung finden, wie Abbildung 14 – ein Beispiel aus einem namhaften Großkonzern – illustriert. Dabei entspricht der Kreisdurchmesser dem Einkaufsvolumen.

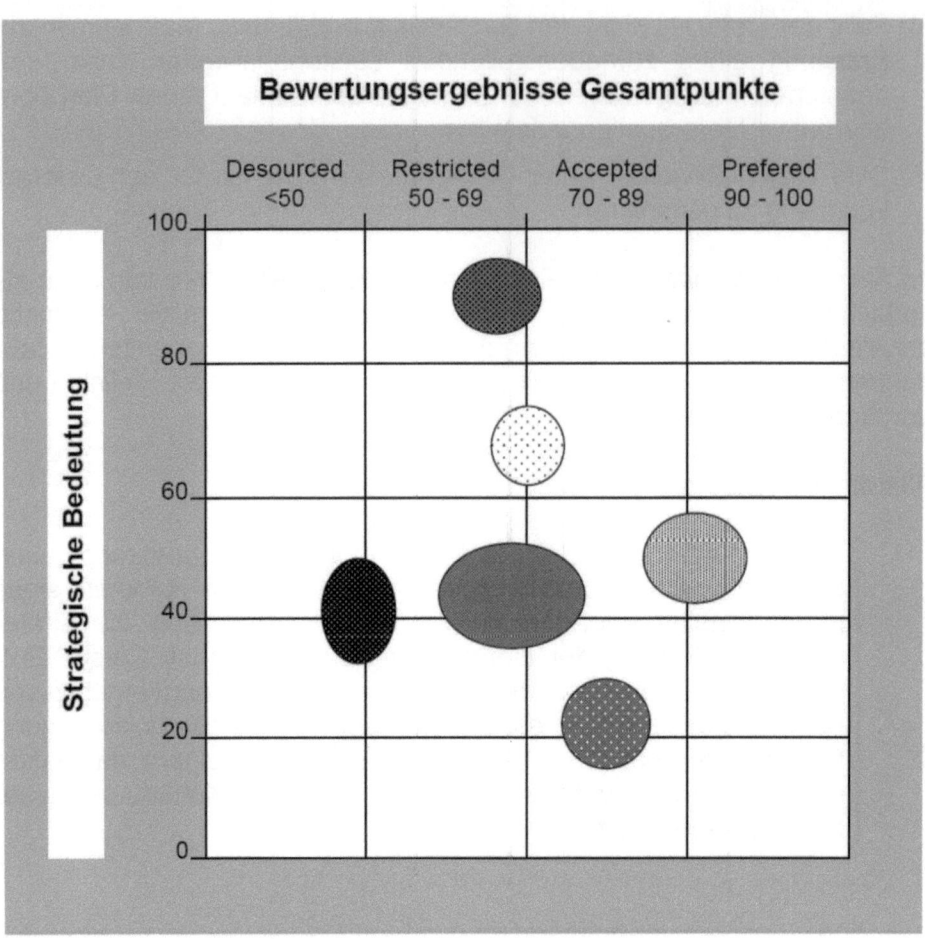

Abbildung 14: Lieferantenportfolio (Praxisbeispiel)

Die Erfassung und Bewertung der strategischen Anforderungen sollte auf der Basis eines durchgängigen Kriteriensets erfolgen. Dieses kann beispielsweise wie folgt strukturiert sein:

- Unternehmen
  - Wachstumspotenzial
  - Innovationsstrategie
  - Investitionsplan
  - Kommunikationsprozesse

- Wettbewerbsfähigkeit
  - Preis- / Kostenstruktur
  - Kostenoptimierungsprogramme
  - Mitarbeiterpotenzial
  - Finanzkraft
- Know-How
  - Technologieführerschaft
  - Qualitätsfähigkeit
  - Fertigungstechnologie / Prozessoptimierung
  - Umweltschutz
- Machtverhältnisse
  - Marktform / -position
  - Umsatzanteil (Goliath-David-Situation)
  - Freiheitsgrad (Lizenzen, Patente)
  - Kooperationsbereitschaft (Unternehmenskultur)

Abschließend ist noch zu erwähnen, dass eine Klassifizierung der Lieferanten auch getrennt für die Teilsysteme (Module I und II) vorgenommen werden kann, so dass die Möglichkeit gegeben ist, die potenzielle Leistungsfähigkeit eines Lieferanten mit der tatsächlich realisierten zu vergleichen. In der Praxis ist diese Vorgehensweise durchaus anzutreffen, wobei sich das „Gesamtklassement" aus den gewichteten Teilergebnissen (z. B. im Verhältnis 50:50) ergibt.

2.3 Informationsgewinnung und -bereitstellung

Um die Lieferleistung eines Lieferanten bewerten zu können, hat der Einkauf selbst keine Daten zu erfassen, da dieses beim Wareneingang oder im Qualitätsmanagement erfolgt. Die für die Bewertung erforderliche Datenbasis ist festzulegen, die EDV-Schnittstellen sind zu regeln und die Verantwortlichkeiten für die Datenpflege zu bestimmen.

Im Gegensatz zu dieser sich mit der Vereinnahmung der Materialien mehr oder weniger automatisch vollziehenden Bewertung der erbrachten Lieferleistung muss sich der Einkäufer gezielt der ihm zur Verfügung stehenden primären und sekundären Informationsquellen der Markt- bzw. Lieferantenforschung bedienen (vgl. Abbildung 15), um die Leistungsfähigkeit eines Lieferanten einschätzen zu können.

```
                    ┌─────────────────────────┐
                    │  Lieferantenforschung   │
                    └─────────────────────────┘
                    ┌─────────────────────────┐
                    │   Informationsgewinnung │
                    └─────────────────────────┘
```

Informationsquellen der Primärforschung	Informationsquellen der Sekundärforschung
• Innerbetriebliche Quellen / Daten • Gespräche mit Verkäufern • Lieferantenbesuche / Betriebsbesichtigungen • Lieferantenbefragungen / Auditierung	• Nachschlagewerke / Datenbanken • Auskunfteien • Geschäftsberichte • Referenzen • Selbstauskunft

Abbildung 15: Lieferantenforschung – Primär- und Sekundärquellen der Informationsgewinnung

Die Globalisierung der Märkte und Intensivierung des Wettbewerbs erfordern noch stärker die Einbindung der „besten Lieferanten", d. h. die Bedeutung der Beschaffungsmarktforschung steigt. Dabei behalten die Prinzipien der traditionellen Beschaffungsmarktforschung ihre Gültigkeit.[25] Die Intensität und Effizienz in der Nutzung vorhandener Informationen wird durch Werkzeuge wie „elektronische Archivierung" und „Data Warehouse-Konzepte" wesentlich gesteigert. Die Potenziale der multimedialen Beschaffung kommen ergänzend hinzu.

Internet, Electronic Commerce und virtuelle Marktplätze ermöglichen auch kleineren und mittleren Unternehmen den Zugang zum Weltmarkt per Mouse-Klick vom Arbeitsplatz aus.

Der Erstkontakt mit möglichen Lieferanten erfolgt entweder als Initialkontakt durch den Lieferanten in Form von mündlicher oder schriftlicher Kontaktaufnahme unter Nutzung von Imageunterlagen, Produktkatalogen, Referenzlisten und ähnlichen Informationen oder über die Lieferantenbewerbung auf der Procurement Page des möglichen Kunden (sogenannte passive Lieferantensuche).

Die aktive Lieferantensuche umfasst alle Instrumente der multimedialen Beschaffungsmarktforschung.

---

25) Siehe im Einzelnen vom Verf., Materialwirtschaft, a. a. O., S. 187 ff.

In diesem Zusammenhang ist grundsätzlich davon auszugehen, dass die in das Internet abgestellte Homepage eines Lieferanten nicht alle Fragen auffangen kann, die den Einkaufsverantwortlichen interessieren. Vielmehr sollte dieser in der Lage sein, Informations-, Lieferanten- und Risikomanagement professionell zu steuern und zu gestalten. Dies hat neben den hierfür notwendigen kapazitiven und individuellen Rahmenbedingungen handwerkliche Fähigkeiten zur Voraussetzung. Als in diesem Zusammenhang besonders zweckmäßig kann es sich erweisen, wenn nach einem ersten Screening der vorhandenen Informationen die Einschätzung der Leistungsfähigkeit eines Lieferanten über

- die Lieferantenselbstauskunft (LISA) und
- die Auditierung vor Ort

erfolgt.

2.3.1 Die Lieferantenselbstauskunft – Möglichkeiten ihrer Ausgestaltung

Wenn höhere Umsätze längerfristig zu erwarten sind, wenn es sich also um einen (potenziellen) A-Lieferanten handelt, ist es in der Praxis durchaus üblich, von diesen eine Selbstauskunft zum Firmenprofil anzufordern.

Eine wesentliche Effizienzsteigerung wird erreicht, wenn im Rahmen eines vollintegrierten Supplier Relationship Management-Systems an die Stelle manueller Lösungen digitalvernetzte Prozesse treten und auf der Basis einer Online-Plattform in das System einfließen. Informationen zum Firmenportrait und zum Erstmuster sollte der Lieferant in das Portal selbst einpflegen. Die Pflege der Stammdaten erfolgt sodann automatisch.

Im Allgemeinen liegt dem Firmenportrait ein Fragebogen zu Grunde, der folgende Punkte umfassen kann:

− Produktportfolio
− Marktanteil
− Umsatzstruktur
− Organisationsstruktur
− Personalstärke
− Rechtsform
− Nachweis eines Zertifikats
− Referenzen

Darüber hinaus kann der Fragebogen – wie das Praxisbeispiel in Abbildung 16 veranschaulicht – auch Fragen zu Bilanzkennzahlen, zum Produktionsprozess und zu Elementen des Qualitätsmanagements enthalten.

Fragebogen für A-Lieferanten
zu Wirtschaftlichkeit, Rentabilität, Stabilität, Produktivität, Progressivität

Firma:	
Anschrift:	
Eigentümer:	
Tochtergesellschaften:	
Ansprechpartner:	

	n	n + 1	n + 2
Umsatz in TEUR			
Umsatz pro Kopf in TEUR			
Wertschöpfung pro Kopf in TEUR			
Personalkosten in TEUR			
Umsatzrendite			
Kapitalrendite			
Eigenkapital in TEUR			
Fremdkapital in TEUR			
Gesamtkreditlinie in TEUR			
Offene Kreditlinie in TEUR			
Cash Flow zum Umsatz in %			
Investitionen in TEUR (Wofür? Bitte anliegende Kurzbeschreibung)			
Bestände:	n	n + 1	n + 2
Fertig in TEUR			
Unfertig in TEUR			
Roh-, Hilfs- und Betriebsstoffe in TEUR			
Personalstruktur:	n	n + 1	n + 2
Mitarbeiter gesamt			
Kaufmännisch-administrativ %			
Technische Funktion %			
Forschung und Entwicklung %			
Fertigung und Innenmontage			
– davon produktive Mitarbeiter %			
Auftragsvorbereitung %			
Einkauf / Materialwirtschaft %			
Qualitätssicherung %			
Bitte Organigramm Führungsstruktur beifügen			
Fertigung:	n	n + 1	n + 2
Stundenleistung			
Entlohnungsart			
Mehrschichten?			
Wie viel Abteilungen?			
Auftragsdurchlaufzeit?			
Prozesszeit?			

Wertschöpfung gem. VDMA: – Betriebsertrag minus Vorleistungen	
– Betriebsertrag = Umsatzerlöse plus / minus Erhöhung oder Verminderung des Bestandes an fertigen und unfertigen Erzeugnissen plus andere aktivierte Eigenleistungen plus sonstige betriebliche Erträge	
– Vorleistungen = Materialaufwand plus Abschreibungen plus sonstige betriebliche Aufwendungen	
Cash Flow gem. VDMA: – Jahresüberschuss / Jahresfehlbetrag plus Abschreibungen plus Zuführungen zu Pensionsrückstellungen	
Bitte nennen Sie uns 4-5 Großkunden und den Umsatzanteil in Prozent.	
Bitte nennen Sie uns 4-5 Referenzkunden und den Ansprechpartner für uns.	
Fragebogen ausgefüllt von:	Datum:

Abbildung 16: Fragebogen für A-Lieferanten zu Wirtschaftlichkeit, Rentabilität, Stabilität, Produktivität, Progressivität (Praxisbeispiel)

Es ist nicht auszuschließen, dass der Kunde / Einkauf auf die Lieferantenselbstauskunft auch dann zurückgreift, wenn er beispielsweise Informationen zur

– Kostenstruktur und / oder zum
– Qualitätsmanagement

des Anbieters / potenziellen Lieferanten für unentbehrlich hält. So ist Kostentransparenz – ein zu bewertendes Element des Hauptkriteriums Preise / Kosten / Wirtschaftlichkeit – für den Einkaufsverantwortlichen zweifellos eine wünschenswerte Voraussetzung, um Einsparungspotenzial beim (potenziellen) Lieferanten aufzudecken.[26]

---

[26] Vgl. dazu das Praxisbeispiel 1: Potenzialanalyse in der Anfragephase in einem mittelständischen Unternehmen unter Ziffer 1.1.

Auch die Qualität eines Produktes ist häufig für ein Unternehmen als kritischer Erfolgsfaktor zu sehen. Es verwundert daher nicht, dass man in der Einkaufpraxis zur Lieferantenselbstauskunft greift, wenn es nach einem Erstkontakt darum geht, zu überprüfen, ob und inwieweit sich der Anbieter als qualitätsfähig ausweist. Dazu wird der in Abbildung 17 auszugsweise wiedergegebene Fragebogen eingesetzt. Dieser enthält u. a. folgende Fragen:

1) Existiert ein eingeführtes Qualitätshandbuch oder gleichwertiges Dokument?
2) Besteht eine eigene QS-Abteilung?
   „Wenn ja", wie ist sie in die Organisation eingegliedert?
3) Werden die Qualitätsforderungen von Goldhofer an das Produkt (Toleranzen etc.) überprüft?
4) Werden Teile aus geänderten Werkzeugen oder Teile nach Materialumstellungen besonders behandelt?
   „Wenn ja", wie?
5) Ist die Rückverfolgbarkeit von bei Goldhofer angelieferten Produkten bis zu Ihrem Vormateriallieferanten sichergestellt?
6) Führen Sie regelmäßig Bewertungen Ihrer Vorlieferanten durch?
   „Wenn ja", nach welchen Kriterien?
7) Gibt es einen geregelten Ablauf zur Bearbeitung von Kundenreklamationen? (Ermittlung der Fehlerursachen und Einleiten von Verbesserungsmaßnahmen)
8) ...

Die vom (potenziellen) Lieferanten gegebenen Antworten werden nach einem standardisierten Schema beurteilt. Die Einstufung richtet sich nach dem insgesamt erreichten Erfüllungsgrad, wie aus den in Abbildung 17 auszugsweise wiedergegebenen Fragebogen ersichtlich ist.

Goldhofer

Qualitätsmanagement Prüfprotokoll	Element 06 **Beschaffung**	PP 06-001 Seite 1 von 4

Lieferantenselbstauskunft

Firma: _____   Rechtsform: _____

Adresse: _____   Umsatz: _____

_____

Telefon: _____

Telefax: _____

Produktionsstandorte: _____

Mitarbeiterzahl	Gesamt	Produktion	Qualitätssicherung

Haben Sie eine Produkthaftpflichtversicherung abgeschlossen?   ☐ ja ☐ nein

Versicherungssumme : _____

Verantwortlicher für die Qualitätssicherung: _____

Telefon: _____

Telefax : _____

- Ist Ihr QS - System zertifiziert?   ☐ ja ☐ nein
  Wenn ja, legen Sie bitte eine Kopie des Zertifikates bei.

- Wenn nein, wann beabsichtigen Sie die Einführung und Zertifizierung eines QS-Systems?   _____

- Wurde bei Ihnen bereits QS-Audits von Kunden durchgeführt?   ☐ ja ☐ nein

- Gestatten Sie es uns, bei Ihnen ein QS-Audit durchzuführen?   ☐ ja ☐ nein

erstellt (Name, Datum):	Geprüft + freigegeben (Name, Datum):	erstellt Ausgabe (Änderungsstand, Datum):	Änderungsstand:	Ausgabedatum:
Hubmann, 20.03.02	Zieten, 20.03.02	00, 20.03.02	01	18.07.08

Goldhofer

Qualitätsmanagement	Element 06	PP 06-001
Prüfprotokoll	**Beschaffung**	Seite 4 von 4

Auswertung Fragebogen

- jede Frage wird mit max. 10 Punkten bewertet, d.h. Gesamtpunktzahl ist max. 170
- Frage 1 + 2 können nur mit „ja" oder „nein" beantwortet werden

Punkte	Voraussetzung
10	Frage 1 mit „ja" und Frage X mit „ja" beantwortet
8	Frage 1 mit „nein" und Frage X mit „ja" beantwortet
6	Frage 1 mit „ja" und Frage X mit „teilweise" beantwortet
4	Frage 1 mit „nein" und Frage X mit „teilweise" beantwortet
0	Frage X mit „nein" beantwortet, unabhängig von Frage 1

Klasseneinteilung

Klasse	Gesamterfüllungsgrad	in Punkten	in Prozent
I	voll erfüllt	170 - 153	100 - 90
II	weitgehend erfüllt	152 - 136	89 - 80
III	ausreichend erfüllt	135 - 102	79 - 60
IV	bedingt erfüllt	101 - 68	59 - 40
V	nicht erfüllt	67 - 0	< 40

erstellt (Name, Datum):	Geprüft + freigegeben (Name, Datum):	ersetzt Ausgabe (Änderungsstand, Datum):	Änderungsstand:	Ausgabedatum:
Hubmann, 20.03.02	Zieten, 20.03.02	00, 20.03.02	01	18.07.08

Abbildung 17: Lieferantenselbstauskunft – Fragebogen zum Qualitätsmanagement (auszugsweise Wiedergabe)

Die Auswertung der Lieferantenselbstauskunft erfolgt im skizzierten Anwendungsfall (Abbildung 17) durch den Einkauf. Grundsätzlich müssen (potenzielle) Lieferanten die definierten Qualitätsanforderungen „voll erfüllt" haben. Qualifizierungsmaßnahmen für als „zweitrangig" eingestufte Lieferanten werden nicht in die Wege geleitet. Ein Qualitätsaudit im Anschluss an die Auswertung findet nur in Ausnahmefällen statt.

2.3.2 Die kriterienspezifische Lieferantenauditierung – Das Finanzaudit als konzeptionelles Beispiel

Mit dem Schwerpunkt eines Produkt-, Prozess-, Qualitäts- oder Finanzaudits sollten die gewonnenen Angaben gezielt überprüft und ergänzt werden. Denn unzweifelhaft steht fest:

> Die Lieferantenselbstauskunft kann eine Auditierung nicht ersetzen!

Die Ergebnisse aus der Auditierung können im Anschluss oder Online während des Audits in der Lieferantendatenbank hinterlegt werden.

Der im Rahmen des Finanzaudits einzusetzende Fragenkatalog (Abbildung 18) sollte vom Einkauf initiiert, aber im Team in Zusammenarbeit mit relevanten Fachbereichen erarbeitet werden. Dabei sollte nach dem Motto „Keep it Simple" verfahren werden. Benutzerfreundlichkeit und Prognoserelevanz sollten im Vorfeld der Implementierung getestet werden.

Das Finanzaudit, das im Rahmen eines risikoorientierten Lieferantenmanagements und der damit einhergehenden Erfassung und Bewertung lieferantenbezogener Finanzierungs- und Insolvenzrisiken an Bedeutung gewinnt, sollte auf zwei wesentlichen Bausteinen beruhen: Zum einen auf quantifizierbaren (harten) Kriterien, die eine Bewertung der bisherigen Unternehmensentwicklung eines Lieferanten erlauben. Andererseits spielen auch qualitative (weiche) Kriterien eine Rolle, die einer Beurteilung der Entwicklungsperspektiven eines Lieferanten dienen und damit Ansatzpunkte für die Einschätzung seiner Bonität nicht nur „für heute, sondern auch für morgen" bieten können.

Es sind vor allem Fragen zu folgenden Bereichen zu beantworten:

- Management / Personal
- Marktposition
- Unternehmensstrategie
- Organisation

Im Vordergrund eines Finanzaudits sollte die Ermittlung und Analyse betriebswirtschaftlicher Kennzahlen stehen. Grundlage dafür sind die Bilanz und die Gewinn- und Verlustrechnung. Der Vergleich der Daten des laufenden Geschäftsjahres mit den Daten des Vorjahres lässt Rückschlüsse u. a. zur Investitions- und Finanzpolitik eines Lieferanten zu.

Die in Abbildung 18 wiedergegebene Übersicht zeigt beispielsweise, welche Kennzahlen im Rahmen eines Finanzaudits wichtig sind:[27]

---

[27] Siehe die kompakte Darstellung wichtiger finanzwirtschaftlicher Kennzahlen vom Verf., Modernes Einkaufsmanagement, a. a. O., S. 114 ff.

Firma:	
Anschrift:	
Eigentümer:	
Tochtergesellschaften:	
Ansprechpartner:	

Finanzen / Wirtschaftliche Situation

Wie stark ist die Finanzkraft des Lieferanten?	
Wie steht es um deren Nachhaltigkeit und die finanzielle Flexibilität?	
Stehen diese im Einklang mit der Strategie des Unternehmens?	
Welche finanziellen Reserven bestehen?	
1) Finanzlage	
– Eigenkapitalquote	
– Kurzfristiger Verschuldungsgrad	
– Anlagendeckung / -finanzierung	
2) Vermögenslage	
– Investitionsquote	
– Vorratsintensität	
– Forderungsumschlag	
3) Liquiditätslage	
– Barliquidität	
– Monetäre Liquidität	
– Working Capital	
4) Kostenentwicklung und -struktur	
– Materialaufwandsquote	
– Personalaufwandsquote	
– Abschreibungsquote	
5) Ergebnisentwicklung	
– Jahresüberschuss	
– Betriebsergebnis	
– Cash Flow	
6) Ertragslage	
– Eigenkapitalrentabilität	
– Gesamtkapitalrentabilität	
– Cash Flow vom Umsatz	
7) Ergänzende Informationen	
– Bankverbindlichkeiten	
– Lieferantenverbindlichkeiten	
– Kreditlinie	
Fragebogen ausgefüllt von:	Datum:

Abbildung 18: Fragebogen zum Finanzaudit

Wie und woran kann der Kunde / Einkauf erkennen, ob die Existenz des Lieferanten nicht gefährdet ist? Welche Kennzahlen liefern die richtigen Informationen, um den Lieferanten wirklich zuverlässig und umfassend beurteilen zu können? Auf welche Fakten und Entwicklungen muss der Einkaufsverantwortliche jeweils achten, um Gefährdungspotenziale frühzeitig genug zu identifizieren und noch Zeit zum Gegensteuern zu haben? Wie sind die Ergebnisse zu interpretieren? Wann sind diese eher positiv, wann eher negativ zu beurteilen? Wie hoch sind die jeweiligen Schwellenwerte anzusetzen?

Der Einkauf hat es hier nicht mit so simplen Messungen zu tun wie etwa die Bestimmung des Gewichts eines Körpers oder der Temperatur eines Raumes –, wenn auch die „gefühlten" Auswirkungen zu einer differenzierten Interpretation führen können.

Auch wenn die Einsatzmöglichkeiten der neuen Informations- und Kommunikationsmedien ausgeschöpft werden sollten, so steht doch außer Frage, dass Lieferantenbesuche – möglicherweise in Verbindung mit einer Auditierung – die wichtigste Informationsquelle darstellen.

> Sie entsprechen der an eine Datensammlung gestellten Forderung, dass die benötigten Informationen möglichst nahe am Ursprung zu erfassen sind, um Fehldeutungen zu vermeiden und ihre Aktualität zu sichern. Aufgrund wirtschaftlicher Überlegungen lohnt sich die Durchführung von Lieferantenaudits in der Regel nur bei umsatzstarken und / oder strategisch wichtigen Lieferanten.

2.4 Verfahrenswahl

Es sind in der Vergangenheit eine Vielzahl von Verfahren zur Lieferantenbewertung entwickelt worden, die für den Einsatz in der Praxis infrage kommen. Das trifft in besonderem Maße auf die verschiedenen Arten von Punktbewertungsverfahren zu, die daher neben den Notensystemen im Mittelpunkt der nachfolgenden Darstellung stehen.

Die Verfahrenswahl wird vor allem von folgenden Kriterien beeinflusst:

– Zweck der Lieferantenbewertung (als Verfahren zur Lieferantenauswahl und / oder als Instrument für das Lieferantencontrolling),
– Informationsbedarf und Datenbestand,
– Arbeitsmethode (manuell oder automatisch).

In jedem Fall ist sicherzustellen, dass die Bewertung der Lieferleistung (Modul I) und die Bewertung der Leistungsfähigkeit (Modul II) nach demselben Verfahren und einer übereinstimmenden Bewertungssystematik erfolgt.

Festzuhalten ist, dass

- die Primär- und Sekundärinformationen, die zur Beurteilung der wirtschaftlichen, ökologischen und technischen Leistungsfähigkeit aktueller und potenzieller Lieferanten zusammengetragen werden, nur – wenn überhaupt – verdichtet in die Verfahren einfließen. Auf eine gezielte Lieferantenforschung kann aber vor allem deshalb nicht verzichtet werden, weil
- alle Verfahren den Nachteil haben, dass sie von der gegenwärtigen Situation ausgehen und die zukünftige Entwicklung nicht berücksichtigen. Zwangsläufig ist eine in regelmäßigen Abständen – beispielsweise einmal jährlich – durchgeführte Datenerfassung unabdingbar.

Das trifft auch auf die methodisch sehr anspruchsvolle Nutzwertanalyse zu, die zur systematischen Entscheidungsvorbereitung bei der Auswahl komplexer Projektalternativen eingesetzt wird, darüber hinaus aber auch zur Entscheidungsfindung bei der Lieferantenauswahl geeignet ist. Aufgrund der entscheidungstheoretischen Modellannahmen ist in diesem Verfahren jedoch kaum eine praxisgerechte Lösung zu sehen.

Generell ist noch anzumerken, dass

- Mehrfaktorenvergleiche in der Praxis immer mehr vordringen, da Einfaktorenvergleiche Ausdruck eines verwaltenden Einkaufs sind, der seine Verantwortung für die Wettbewerbsfähigkeit des Unternehmens in keiner Weise erfüllt.

2.4.1 Notensysteme

In der Einkaufspraxis haben sich die auf der Basis von Schulnoten begründeten Verfahren durch ihre Einfachheit und Transparenz bewährt. Der Erklärungsaufwand bei der Einführung und Anwendung ist gering, da für jeden Anwender und Lieferanten die „Eins" als Bestnote bekannt ist.

Sofern eine Gewichtung der Noten (N) erfolgen soll, kann zur Ermittlung des Notenwertes (NW) der Gewichtungsfaktor sinnvollerweise nur als

Prozentsatz (GP) herangezogen werden. Die „Formel" zur Ermittlung des Notenwertes lautet demnach:

$$NW = N \cdot GP$$

Im Wesentlichen unterscheiden sich die Notensysteme hinsichtlich ihrer Skalierung, d. h. die Abstufungen werden in der Praxis recht unterschiedlich gehandhabt. Wie die nachfolgenden Beispiele zeigen, wird dabei durchaus vom Schulnotensystem – der Abstufung von 1 bis 5 – abgewichen.

2.4.1.1. Das „Drei-Notensystem"

Dieses einfache und äußerst transparente Bewertungsverfahren bietet nur in geringem Maße Differenzierungsmöglichkeiten bei der Bewertung des vom Lieferanten erreichten Erfüllungsgrades. Auch kann sich der Erfolg von Lieferantenentwicklungs- und -qualifizierungsmaßnahmen in einem verbesserten Bewertungsergebnis kaum widerspiegeln: Eine sprunghafte Verbesserung von einer „2" (Durchschnitt!) auf eine „1" (Gut!) erscheint in der Regel unrealistisch. In den gebräuchlichen Schulnotensystemen wird daher von einer differenzierteren Bewertungsskala ausgegangen.

Gleichwohl finden sich in der Praxis Anwendungsbeispiele, wie Abbildung 19 ausschnittsweise verdeutlicht. In diesem Fall werden Unterschiede im erreichten Erfüllungsgrad, die zwangsläufig zu einer Abstufung in der Bewertung führen müssen, durch Attribute (problemlos – einige Probleme – überwiegend Probleme) beschrieben.

Lieferant: .... Nr.: .... Datum: ....
Werkstoffgruppen: .... Beurteiler: ....
Beurteilungszeitraum: von .... bis ....

1 = problemlos
2 = einige Probleme
3 = überwiegend Probleme

1. TERMINE: Wie wurden Terminvorgaben eingehalten?	1	2	3
1.1 Angebotsabgabe			
1.2 Erstmustertermine			
1.3 Technische Änderungen			
1.4 Sonderaktionen			

2. KOMMUNIKATION: Wie gut war die Zusammenarbeit?	1	2	3
2.1 Ansprechpartner (z. B. vorhanden, häufiger Wechsel, ...)			
2.2 Erreichbarkeit			
2.3 Einhalten von Zusagen			
2.4 Verhalten bei Verhandlungen			
2.5 Eskalation (Einschalten Geschäftsleitung bei Problemen)			

3. FLEXIBILITÄT: Wie flexibel reagiert der Lieferant?	1	2	3
3.1 Schnellschüsse			
3.2 Volumensteigerung			
3.3 Kapazitätsanpassung			
3.4 Unterstützung / Mitarbeit bei Änderungen			

4. Bemerkungen:

_____

_____

Abbildung 19: Das Drei-Notensystem zur Bewertung der Leistungsfähigkeit – auszugsweise Wiedergabe (Praxisbeispiel)

Eine Gewichtung der Kriterienblöcke wird indirekt durch deren Rangfolge angedeutet.

2.4.1.2. Das „Fünf-Notensystem"

Ein Notensystem, das eine Abstufung der Bewertungsergebnisse von 1 bis 5 oder 1 bis 6 ermöglicht, bedarf wohl kaum einer weitergehenden Erläuterung, da es in der Skalierung der Vergabe von Schulnoten gleichkommt. Es stellt sicher, dass sich Leistungsunterschiede in den Noten differenziert widerspiegeln. Dabei kann in der Praxis durchaus variabel in der Weise verfahren werden, dass nur die Noten 1 und 5 (z. B. für „gute" und „schlechte" Qualität) oder 1 und 3 (z. B. bei unsachgemäßem Anlieferungszustand) und 5 vergeben werden.

Auch ist auszuschließen, dass in einem Fünf-Notensystem die Note „3" einen gleichsam konfliktfreien Stellenwert einnimmt. Sie ist – sofern nicht automatisch ermittelt – möglicherweise Ausdruck einer durch Unsicherheit geprägten Entscheidungsschwäche. Diese kann dazu führen, dass einer eher „belanglosen" Note „3" der Vorzug vor einer eindeutig besseren oder schlechteren Bewertung gegeben wird. Zwar ist es unstrittig, dass das Beurteilungsteam oder der Einkauf in der Wahl des Bewertungsverfahrens und der Skalierung absolut frei ist. Doch Abweichungen vom Standard eines fünfstufigen Schulnotensystems sind gegenüber den Lieferanten / Dienstleistern grundsätzlich zu erläutern. So signalisiert in einem Vier-Notensystem die „3" eine eindeutig negative Ist-Situation bzw. Entwicklung, während eine „3" in einem Fünf-Notensystem Mittelmaß bedeutet.

Das nachfolgende Praxisbeispiel veranschaulicht ausführlich die Systematik, die konsequent verfolgt werden muss, wenn das Fünf-Notensystem in lupenreiner Form zur Bewertung der Lieferleistung herangezogen wird.

Beispiel 8: Das „Fünf-Notensystem" als Verfahren zur Bewertung der Lieferleistung (Praxisbeispiel)

In einem mittelständischen Unternehmen der metallverarbeitenden Industrie werden alle Wareneingänge nach dem einheitlichen Notensystem von 1 bis 5 bewertet. Errechnet werden ein Einzel- und ein Gesamtindex für jedes einzelne Bewertungskriterium einer Lieferung und für die Lieferung selbst. Der Gesamtindex wird als arithmetisches Mittel der Einzelnoten über eine definierte Anzahl von Lieferungen rollierend jeweils für drei Monate berechnet. Aus dem Ergebnis der Bewertung ergeben sich Indizes für:

- Qualität   (Qualitätsindex und Qualitätsgesamtindex)
- Menge   (Mengenindex und Mengengesamtindex)
- Termin   (Terminindex und Termingesamtindex)
- Lieferung   (Lieferindex und Liefergesamtindex)

Mit den Gesamtindizes erhält der Einkäufer einen Vergleichsparameter zur Beurteilung einzelner Lieferanten untereinander.

1. Qualitätsindex

Die Noten bei der Qualitätsindex-Berechnung haben folgende Bedeutung:

Note 1: Ohne Fehler
- die Teile entsprechen voll den Spezifikationen und Anforderungen,
- die Prüfung nach AQL[28] wurde bestanden,
- die Teile sind verwendbar.

Note 2: Unsachgemäßer Anlieferungszustand
- die Teile weisen Fehler auf,
- die Teile sind verwendbar,
- die Prüfung nach AQL wurde bestanden,
- die Qualität ist nicht beeinträchtigt,
- es wird kein zusätzlicher Aufwand verursacht.

Note 3: Fehler
- die Teile weisen Fehler auf,
- die Teile sind bedingt verwendbar,
- die Prüfung nach AQL wurde nicht bestanden,
- es erfolgt eine Sonderfreigabe,
- zusätzlicher Aufwand wird verursacht.

Note 4: Fehler mit interner Nacharbeit
- die Teile weisen schwerwiegende Fehler auf,
- die Teile sind durch interne Nacharbeit verwendbar
- die Prüfung nach AQL wurde nicht bestanden,
- aus Termin- oder sonstigen Gründen wird die Lieferung nicht abgewiesen,
- zusätzlicher Aufwand wird verursacht.

---

[28] Der AQL-Wert (Acceptable Quality Level / annehmbare Qualitätsgrenzlage) ist die Fehlermenge in Prozent, bei der eine Lieferung noch angenommen wird. Eine Stichprobenprüfung nach AQL wird bei der Kromschröder AG für alle Teile durchgeführt, für die auf der Zeichnung ein AQL-Wert vorgesehen ist und die nach mindestens einer Bemusterung freigegeben worden sind.

Note 5:   Fehler mit Retoure an Lieferanten
- die Teile weisen schwerwiegende Fehler auf,
- die Teile sind nicht verwendbar,
- die Prüfung nach AQL wurde nicht bestanden,
- die Teile werden zur weiteren Verfügung an den Lieferanten zurück geschickt.

Bei der Berechnung des Qualitätsindex (QI) wird die Menge (M) mit der Note (N) gewichtet und der Liefermenge (LM) gegenübergestellt. Die Menge ohne Fehler wird mit „1" gewichtet. Werden mehrere Fehler unterschiedlicher Schwere (Note) und Menge eingegeben, so werden die gewichteten Einzelbewertungen addiert. Die Summe der beanstandeten Menge kann nicht größer als die Liefermenge sein.

Formel:

$$QI = \frac{(M_1 \cdot N_1) + (M_2 \cdot N_2) + \ldots + (M_n \cdot N_n)}{LM}$$

Beispiel:

$$QI = \frac{(20 \cdot 5) + (30 \cdot 4) + (50 \cdot 1)}{100}$$

$$QI = 2{,}7$$

Der Qualitätsgesamtindex (QI_g) wird wie folgt berechnet:

Formel:

$$QI_g = \frac{QI_1 + QI_2 + \ldots + QI_n}{n}$$

Beispiel:

$$QI_g = \frac{2{,}7 + 1{,}8 + 5{,}0 + 1{,}0}{4}$$

$$QI_g = 2{,}6$$

Fehlerart

Die Qualitätsnote wird über die Fehlerart näher spezifiziert. Sie dient dazu, Fehlerschwerpunkte zu verdeutlichen und ermöglicht statistische Auswertungen. Folgende Fehler sind definiert:

Fehler 0 Sonstiges (nicht näher beschrieben)
        1 Fehlerhafte Verpackung / Abfüllung
        2 Unsauberer Anlieferzustand
        3 Unzureichende Kennzeichnung
        4 Nicht ausreichende Oberflächengüte
        5 Vergratung
        6 Abweichung von der geometrischen Spezifikation
        7 Abweichung von der technologischen Spezifikation
        8 Undicht

Qualitätsschlüssel

Der Qualitätsschlüssel ist aus dem Qualitätsindex (1. Stelle) und der Fehlerart (2. Stelle) zusammengesetzt. Folgende Kombinationen sind möglich:

	0	1	2	3	4	5	6	7	8
1	10								
2	20	21	22	23					
3	30				34	35	36	37	
4	40				44	45	46	47	48
5	50		52		54	55	56	57	58

2. Mengenindex

Der Mengenindex (MI) ergibt sich aus der Abweichung von der Soll-Liefermenge zur Ist-Liefermenge in Prozent entsprechend der definierten Grenzen. Folgende Noten werden vergeben:

Note 1: Keine nennenswerten Abweichungen
- Zuviel gelieferte Menge   0 – 0,9 %
- Zuwenig gelieferte Menge   0 – 0,9 %

Note 2: Tolerierbare Abweichungen
- Zuviel gelieferte Menge   1 – 9,9 %
- Zuwenig gelieferte Menge   1 – 9,9 %

Note 3: Bedingt tolerierbare Abweichungen
- Zuviel gelieferte Menge   10 – 19,9 %
- Zuwenig gelieferte Menge   10 – 19,9 %

Note 4: Nicht tolerierbare Abweichungen
- Zuviel gelieferte Menge   20 – 29,9 %
- Zuwenig gelieferte Menge   20 – 29,9 %

Note 5: Teillieferung
- Zuviel gelieferte Menge   mehr als 30 %
- Zuwenig gelieferte Menge   mehr als 30 %

Der Mengengesamtindex wird nach folgender Formel berechnet:

Formel:

$$MI_g = \frac{MI_1 + MI_2 + \ldots + MI_n}{n}$$

Beispiel:

$$MI_g = \frac{1 + 2 + 4 + 1}{4}$$

$$MI_g = 2$$

3. Terminindex

Der Terminindex (TI) ergibt sich aus der Abweichung von Soll-Liefertermin zum Ist-Liefertermin in Werk-Tagen entsprechend der definierten Grenzen. Folgende Noten werden vergeben:

Note 1: Keine Abweichungen
- Lieferung erfolgte   0 – 1 Tag zu spät
- Lieferung erfolgte   0 – 1 Tag zu früh

Note 2: Keine nennenswerten Abweichungen
- Lieferung erfolgte 2 – 5 Tage zu spät
- Lieferung erfolgte 2 – 5 Tage zu früh

Note 3: Tolerierbare Abweichungen
- Lieferung erfolgte 6 – 9 Tage zu spät
- Lieferung erfolgte 6 – 9 Tage zu früh

Note 4: Bedingt tolerierbare Abweichungen
- Lieferung erfolgte 10 – 13 Tage zu spät
- Lieferung erfolgte 10 – 13 Tage zu früh

Note 5: Nicht tolerierbare Abweichungen
- Lieferung erfolgte mehr als 14 Tage zu spät
- Lieferung erfolgte mehr als 14 Tage zu früh

Der Termingesamtindex (TI_g) wird nach folgender Formel berechnet:

Formel:

$$TI_g = \frac{TI_1 + TI_2 + TI_3 + \ldots + TI_n}{n}$$

Beispiel:

$$TI_g = \frac{2 + 2 + 5 + 1}{4}$$

$TI_g = 2,5$

4. Lieferindex

Für jeden Wareneingang wird ein Lieferindex (LI) als arithmetisches Mittel aus den drei Bewertungskriterien Qualität (QI), Menge (MI) und Termin (TI) gebildet.

Formel:

$$LI_g = \frac{QI_g + MI_g + TI_g}{3}$$

Beispiel:

$$LI_g = \frac{2,6 + 2 + 2,5}{3}$$

$$LI_g \approx 2,4$$

Der Liefergesamtindex (LI_g) wird nach folgender Formel berechnet:

Formel:

$$LI_g = \frac{LI_1 + LI_2 + LI_3 + ... + LI_n}{n}$$

Beispiel:

$$LI_g = \frac{2,2 + 1,0 + 1,5 + 1,3}{4}$$

$$LI_g = 1,5$$

Auf der Grundlage der ermittelten Gesamtindizes erfolgt die Einstufung bzw. Klassifizierung der Lieferanten wie in Abbildung 20 dargestellt.

1. Qualität	2. Menge	3. Termin
Index Bedeutung	Index Bedeutung	Index Bedeutung
1 Einwandfreie Lieferung	1 Keine Abweichung von Abrufmengen	1 Keine Abweichung vom Wunschtermin
2 Geringfügige Abweichung von der Spezifikation (Nebenfehler)	2 Tolerierbare Abweichung um einen festgelegten Wert X	2 Tolerierbare Abweichung vom Wunschtermin um +/- X Tage
3 Abweichung von der Spezifikation jedoch bedingt einsetzbar	3 Bedingt tolerierbare Abweichung um einen festgelegten Wert Y	1 Bedingt tolerierbare Abweichung um +/- Y Tage
4 Abweichung von der Spezifikation kann nur durch Nacharbeit beim Lieferanten beseitigt werden. Lieferung zurückgewiesen	4 Nicht tolerierbare Abweichung (Abweichung ist > Wert Y)	1 Nicht tolerierbare Abweichung (Abweichung ist > Y Tage)
5 Erhebliche Mängel gegenüber Spezifikation (Lieferung zurückgewiesen)	5 Teillieferung	2 Nichterfüllung (Ersatzeindeckung)

Lieferindex

Gesamtindex

≤ 1,5   Lieferant erfüllt uneingeschränkt die Anforderungen

> 1,5 ≤ 2,5   Lieferant erfüllt mit Einschränkungen die Anforderungen

> 2,5 ≤ 3   Lieferant mit bedingt annehmbarer Leistung, die aber unbedingt zu verbessern ist

> 3   Lieferant mit dieser Leistung darf nicht mehr berücksichtigt werden (Lieferantenwechsel)

Abbildung 20: Das „Fünf-Notensystem" als Verfahren zur Bewertung der Lieferleistung und Klassifizierung der Lieferanten (schematische Darstellung)

Die standardisierte Ermittlung der diversen Indizes gewährleistet, Vertrauen in die Bewertung beim Anwender und Lieferanten zu wecken. So wird im Wareneingang die bestellte Ware mit dem Lieferschein angenommen. Die Lieferung wird identifiziert und im Dialog mit der „Wareneingangsverwaltung" erfasst. Dabei werden die Bestelldaten aus der Datenbank gelesen und die Wareneingangs- und Bewertungsdaten in die Datenbank eingetragen. Das Programm erstellt einen Wareneingangsschein, der die Ware bis ins Lager begleitet.

Die Noten für den Mengen- und Terminindex werden automatisch bei der Wareneingangsbuchung ermittelt. Der Qualitätsindex wird mit dem Wert „1,0" initialisiert, d. h. eine Lieferung wird so lange als „ohne Fehler" betrachtet, bis ein Mangel festgestellt und in das DV-System eingegeben wird.

In der Eingangskontrolle wird die erfasste Lieferung auf genau definierte Qualitätsmerkmale geprüft. Abweichungen werden im Dialog mit der „Qualitätsdatenerfassung" eingegeben. Der Mitarbeiter der Qualitätssicherung muss also nur dann eine Eingabe machen, wenn ein Fehler festgestellt wird. Dabei werden die Wareneingangsdaten gelesen und die Qualitätsdaten in die Datenbank geschrieben.

Welche Maßnahmen sind auf der Grundlage der ermittelten Gesamtnote generell vorgesehen?

Auch wenn im Einzelfall der Umsatzanteil und die strategische Bedeutung eines Lieferanten sowie die Wettbewerbssituation für die Vorgehensweise letztendlich entscheidungsrelevant sein können, so spiegelt der in Abbildung 21 zusammengestellte Maßnahmenkatalog doch die charakteristischen Verhaltensmuster wider.

Gesamtnote	Maßnahmen
≤ 1,5	Abschluss längerfristige Verträge Quotenerhöhung Ausweitung des zugekauften Artikelsortiments Einführung / Ausbau alternativer Logistikstrategien
> 1,5 ≤ 2,5	„Grauzone" der Lieferantenentwicklung Eigenoptimierung Sofort-Maßnahmen im Bedarfsfall Entwicklungsplanung / Zielvereinbarungen
> 2,5 ≤ 3,0	Quotenreduzierung Ausschluss bei neuen Anfragen Auf- und Ausbau alternativer Bezugsquellen (Secondsource-Strategie)
> 3,0 ≤ 3,5	Drastische Quotenreduzierung Lieferantenwechsel, Ausphasen

Abbildung 21: Maßnahmenkatalog auf der Grundlage der für die Lieferleistung erzielten Gesamtnote

Es ist hinzuzufügen, dass vor dem Abschluss längerfristiger Verträge und dem Aufbau von Entwicklungspartnerschaften eine eingehende Beurteilung der wirtschaftlichen / finanziellen, technischen und ökologischen Leistungsfähigkeit des in Betracht kommenden Lieferanten erfolgt.

2.4.1.3. Gewichtete Notensysteme

Auch wenn – wie die Abbildungen 20 und 21 sowie das Beispiel 8 zeigen – die Notensysteme durch fehlende Gewichtung charakterisiert sein können, so ist die Möglichkeit einer Verknüpfung der Bewertungsergebnisse (Noten) mit Gewichtungsprozentsätzen grundsätzlich nicht auszuschließen. Das nachfolgende Beispiel illustriert einen Anwendungsfall.

Beispiel 9: Gewichtetes Notensystem (Praxisbeispiel)

In einem führenden Unternehmen der Computerbranche dürfen nur die Lieferanten zur Abgabe eines Angebotes aufgefordert werden, deren Gesamtbewertung aus der Erstbeurteilung bzw. aus Folgebeurteilungen besser als 2,5 ist. Diese Gesamtbewertung ergibt sich aus der Bewertungsskala

- 1 → ausgezeichnet,
- 2 → sehr gut,
- 3 → gut,
- 4 → befriedigend,
- 5 → nicht ausreichend und
- 6 → nicht akzeptabel.

Die bei der Ermittlung von potenziellen Lieferanten herangezogenen Anforderungskriterien müssen für das Auswahlverfahren durch das Beurteilungsteam gewichtet werden. Das Bewertungskriterium „Kosten" wird bei der Vergabeentscheidung um eine gesamtheitliche Kostenbetrachtung ergänzt. Dazu gehören auch Aufwendungen für Lieferantenumstellungen beim Bedarfsträger, Unterstützungskosten beim Lieferanten in der Anlernphase sowie sonstige Kosten, die durch einen neuen Lieferanten bzw. durch einen Lieferantenwechsel verursacht werden.

In Abbildung 22 ist ein Beispiel für eine Projekt- und Vorgangsentscheidung festgehalten:

	Lieferanten					
	A		B		C	
		Gewichtung		Gewichtung		Gewichtung
Qualität (30%)	2,0	60	1,3	39	1,8	54
Technik (20%)	2,5	50	1,5	30	2,0	40
Management (20%)	3,0	60	2,0	40	2,2	44
Kosten	2,4	72	2,2	66	2,0	60
Gesamtgewichtung		242		175		198
% 100	2,42		1,75		1,98	

Abbildung 22: Gewichtetes Notensystem (Praxisbeispiel)

- Bestes Ergebnis gleich 1,0
- Zuschlag bekommt der Anbieter mit dem besten Ergebnis (gewichtete „Bestnote").

Die Entscheidungsfindung erfolgt im Beurteilungsteam. Kann keine erzielt werden, entscheidet der Einkäufer im Rahmen seiner Zeichnungsberechtigung. Sollte ein Lieferant, mit dem als Dauerlieferant, Geschäftspartner oder Großkunde über das normale Maß hinausgehende geschäftliche Beziehungen bestehen, nicht die für eine Auftragsvergabe notwendige Bestnote erreichen, so muss der zuständige Einkaufsleiter informiert werden, um zu entscheiden, ob mit diesem als „Sensitive Supplier" eingestuften Lieferanten zusätzliche Gespräche mit dem Management des Lieferanten geführt werden sollen.

2.4.2 Punktbewertungsverfahren

Um dem genannten Mangel des Notensystems, der fehlenden oder problematischen Gewichtung – entgegenzuwirken, werden in der Praxis vor allem Punktbewertungsverfahren eingesetzt. Der wesentliche methodische Unterschied dieser Verfahren zu den Notensystemen ist darin zu sehen, dass die definierte maximale Punktzahl die jeweilige „Bestnote" darstellt. Darüber hinaus kann die Skalierung beliebig gewählt werden und sich im Dezimalbereich, im Hundert-Punktebereich oder auch in einem Mehrfachen davon bewegen. Die nachfolgende vergleichende Gegenüberstellung veranschaulicht diesen Unterschied:

Bewertungsergebnis	Note	Punktzahl	
		„Dezimal"	„Hundert"
sehr gut	1	5	100
gut	2	4	80
zufriedenstellend	3	3	60
ausreichend	4	2	40
mangelhaft	5	1	20

Es erscheint keineswegs verwunderlich, dass in der Praxis häufig von diesem Schema abgewichen wird, indem die Bewertungsskala verlängert oder verkürzt wird oder bei den Hundert-Punkteverfahren die Ausprägungen der Abstufungen unterschiedlich definiert werden (vgl. die erste Fallstudie unter Ziffer 4).

Wenn man nunmehr noch berücksichtigt, dass für alle Punktbewertungsverfahren eine Gewichtung der Punktzahlen (PZ) das charakteristische Merkmal darstellt und die Gewichtung sowohl multiplikativ mit einem Gewichtungsfaktor (GF) als auch prozentual mit einem Gewichtungsprozentsatz (GP) erfolgen kann, so lässt sich auf diesem Hintergrund die in der Praxis anzutreffende Variantenvielfalt erklären. Als „Formeln" zur Berechnung des jeweiligen Punktwertes (PW) lassen sich demnach formulieren:

- $PW = PZ \cdot GF$

oder

- $PW = PZ \cdot GP$

Es sollen nachfolgend

– das Dezimal-Punktbewertungsverfahren,
– das Hundert-Punktbewertungsverfahren und
– das Höchstpunktwertsystem

dargestellt werden, die zwar voneinander abgrenzbare Verfahrenstypen repräsentieren, in der Praxis jedoch in unterschiedlichen Ausprägungen vor allem hinsichtlich der festgelegten Skalierung vorkommen.

2.4.2.1. Dezimal-Punktbewertungsverfahren

Das Dezimal-Punktbewertungsverfahren ist dadurch charakterisiert, dass sich die Bewertungsstufen zwischen 0 und 10 bewegen. Das nachfolgende Praxisbeispiel ist in dieser Hinsicht typisch für häufig anzutreffende Anwendungsfälle, wobei hinsichtlich der Abfolge und Anzahl der Bewertungsstufen kaum eine Übereinstimmung anzutreffen ist.

Beispiel 10:   Dezimal-Punktbewertungsverfahren (Praxisbeispiel)

In einem Unternehmen der Elektronikbranche steht eine funktionsübergreifende Teamentscheidung zur Auswahl der Lieferanten im Mittelpunkt des Lieferantenauswahlprozesses.

Die systematische Bewertung der vorausgewählten Lieferanten erfolgt auf der Basis ihrer

- Zuverlässigkeit und
- Konditionen.

Wie aus Abbildung 23 ersichtlich ist, werden die Hauptkriterien jeweils durch vier Teilkriterien (Elemente) beschrieben. Die diesen zugeordneten Gewichtungsfaktoren ergeben in ihrer Summe jeweils 25 Einheiten. Da die Skalierung von 0 bis maximal 4 Punkte reicht, errechnet sich je Kriterienblock ein maximaler Punktwert von 100.

Der Bewertungsprozess ist durch die Formulierung von Maßstäben vereinfacht, transparent und weitgehend objektiv gestaltet, auch wenn der beschreibende Text einen Bewertungsspielraum zulässt.

> Auch wenn diese Konzeption eine „elegante" Lösung zu sein scheint, es handelt sich dabei um ein in der Praxis allerdings häufig anzutreffendes Mischsystem, das keine klare Aussage über die Leistungsfähigkeit und – losgelöst davon – über die Lieferleistung zulässt. Darüber hinaus entbehrt es jeder Logik, wenn die Gewichtung des Hauptkriteriums aus der Gewichtung der Teilkriterien abgeleitet wird.[29]

---

[29] Siehe hierzu auch die kritischen Anmerkungen zu Abbildung 7 unter Ziffer 2.2.2.

Kriterien		Gewichtung	Bewertung in Punkten				
			0	1	2	3	4
Zuverlässigkeit	Qualität	7	niedrig	Übergang	mittel	Übergang	hoch, gute Referenz
	Technik	7	niedrig		mittel		hoch
	Logistik	6	unzuverlässig		meistens zuverlässig		sehr zuverlässig
	Flexibilität	5	gering		mittel		hoch
	Gesamt	25					max. 100 Pkt.
Konditionen	Preishöhe	17	20% über Referenzpreis	Übergang	Referenzpreis	Übergang	30% unter Referenzpreis
	Preistransparenz	2	nicht transparent		Ansätze vorhanden		Kostenstruktur transparent
	Preisentwicklungstendenz	2	stark steigend		gleichbleibend		stark sinkend
	Zahlungsbedingungen	4	schlechter als Referenz		Referenzbedingungen		günstiger als Referenz
	Gesamt	25					max. 100 Pkt.

Legende: 0 = niedrig, ungünstig
4 = hoch, günstig

Abbildung 23: Dezimal-Punktbewertungsverfahren – Bewertungstableau (Praxisbeispiel)

2.4.2.2. Hundert-Punktbewertungsverfahren

Die Verfahren dieser Kategorie sind in der Regel dadurch charakterisiert, dass die Bewertungsunterschiede durch Abstufungen im Hundert-Punktebereich festgelegt werden (z. B. 100, 80, 60, 40, 20 oder – wie in der ersten Fallstudie unter Ziffer 4 festgeschrieben – in der Skalierung 100, 50, 0). Dabei ist – wie bereits skizziert – die „Bestnote" der maximal erreichbaren Punktzahl gleichzusetzen. Die je Anforderungskriterium (Teilkriterium) vergebenen Punktzahlen werden durch Gewichtungsprozentsätze „relativiert".[30]

2.4.2.3. Höchstpunktbewertungsverfahren

Bei diesen Verfahren erhalten die festgelegten Anforderungskriterien einen ihrer Bedeutung entsprechenden Höchstpunktwert, d. h. die maximale Punktzahl wird gewisser Weise im Vorfeld schon gewichtet.

Abbildung 24 zeigt deutlich die Problematik dieser Vorgehensweise auf: Es fehlt an Transparenz und lädt zur Manipulation ein, da Abstufungen in der Skalierung nicht mehr erkennbar sind. Abschläge von den maximalen Punktwerten sollten zwar im Verhältnis zu den Leistungsunterschieden vorgenommen werden, lassen jedoch alle Möglichkeiten der Einschätzung zu.

---

30) Sofern die Gewichtung der erreichten Punktzahlen auf der Basis von Gewichtungsfaktoren erfolgt, sollten diese zwischen „Null" und „Eins" bestimmt werden, damit der Punktwert im Hunderter-Bereich verbleibt. Die erste Fallstudie unter Ziffer 4 zeigt einen dafür typischen Verfahrensansatz.

PRODUKT: Teilnehmer:					
Bewertungskategorie	Punkte	Lieferant 1	Lieferant 2	Lieferant 3	Lieferant 4
		W+R	Paragon		
1. SERVICE PKT Total (max. mögl.:)	150	55	125	#NV	#NV
% von max. möglichen		37 %	83 %	#NV	#NV
2. FLEXIBILITÄT PKT Total (max. mögl.:)	250	90	155	#NV	#NV
% von max. möglichen		36 %	62 %	#NV	#NV
3. TECHNOLOGIE PKT Total (max. mögl.:)	300	225	260	#NV	#NV
% von max. möglichen		75 %	87 %	#NV	#NV
4. QUALITÄT / ZUVERL. PKT Total (max. mögl.:)	300	155	265	#NV	#NV
% von max. möglichen		52 %	88 %	#NV	#NV
max. mögliche Punkte:	**1000**				
Gesamtergebnis:		**525**	**805**	**#NV**	**#NV**
% von max. möglichen		53 %	81 %	#NV	#NV

Abbildung 24: Höchstpunktbewertungsverfahren (Praxisbeispiel)

2.4.3 Kennzahlenverfahren

Ziel aller kennzahlorientierter Bewertungsverfahren ist es, „auf einen Blick" in verdichteter Form eine möglichst objektive Beurteilung der definierten Hauptkennzahl zu erhalten. Diese kann u. a. als

- Beschaffungsmarketingkennzahl,
- Logistikkennzahl,
- Qualitätskennzahl,
- Bonitätskennzahl

formuliert werden. Die Struktur der Kennzahlen ist im Einzelnen zu bestimmen. Die nachfolgenden Beispiele 11 und 12 bieten hierfür typische Lösungsansätze, wobei diese jeweils nur einen zu bewertenden Teilbereich abdecken.

2.4.3.1. Qualitätskennzahl und ihre Einflussfaktoren

Die Aufgabe einer Qualitätskennzahl bzw. eines -kennzahlensystems ist eine möglichst objektive Beurteilung des Qualitätsgeschehens der Lieferanten von Fertigungsmaterial zu ermöglichen. Auf der Grundlage der Beurteilung können die Ergebnisse als Entscheidungshilfe bei Bauteilvergaben und zur Erfassung von Verbesserungspotenzialen genutzt werden.

Grundsätzlich sollten nur von Lieferanten zu vertretende Fehler bzw. Abweichungen bewertet werden, diese dürfen stets nur einem Qualitätskennzahlenelement zugeordnet werden, um Doppelabweichungen zu vermeiden.

Im nachfolgenden Praxisbeispiel wird die Qualitätskennzahl aus sechs näher beschriebenen Elementen gebildet.

Beispiel 11: Qualitätskennzahl für Fertigungsmaterial (Praxisbeispiel)

Miele strebt eine möglichst objektive Beurteilung des Qualitätsgeschehens der Fertigungsmateriallieferanten an. Die Ermittlung der Qualitätskennzahlen (QKZ) erfolgt quartalsweise auf Basis der im Auswertungszeitraum angefallenen Daten und wird – wie beispielhaft die in Abbildung 25 dargestellte lieferantenspezifische Auswertung veranschaulicht – aus sechs, nachfolgend beschriebenen Elementen gebildet:

Auswertung:

Bewertete Elemente:	Gewichtung	Erfüllungs-grad	Qualitäts-kennzahl
QM-System (QMS)	0,09	0,90	8 %
Erstmusterprüfung (EMP)	0,12	0,90	11 %
Wareneingangsprüfung (WEP)	0,18	0,95	17 %
Montageausfallrate (MAR)	0,24	0,91	21 %
Kundendienstausfallrate (KAR)	0,29	1,00	29 %
Reklamationsbearbeitung (RBA)	0,09	0,40	4 %
Qualitätskennzahl / Einstufung		90 % / A	(90 % / A)

Abbildung 25: Qualitätskennzahl: Erfüllungsgrad der Einzelelemente (Lieferantenspezifische Auswertung)

QM-System (QMS)

Unter Verwendung der „Liste auditierter Firmen" erfolgt eine Bewertung des Erfüllungsgrades für das QM-System des bewerteten Lieferstandortes nach folgender Einteilung:

A-Lieferant   =   1,0
AB-Lieferant   =   0,9
B-Lieferant   =   0,8
C-Lieferant   =   0,6

Bei Firmen, die nicht in der Liste auditierter Firmen erscheinen, wird das QKZ-Element QM-System nicht bewertet. Bei Teilen, die über Händler geliefert werden, wird das Auditergebnis der Fertigungsstätte gewertet. Erzielen unterschiedliche Fertigungsstandorte eines Lieferanten unterschiedliche Auditergebnisse, so wird das schlechteste Ergebnis gewertet.

Erstmusterprüfung (EMP)

Eine Einstufung des Lieferanten erfolgt nach folgender Formel:

$$\text{EMP} - \text{QKZ} = \frac{\text{Anzahl freigegebene Erstmuster} + \text{Anzahl bedingt freigegebene Erstmuster} \cdot 0{,}8}{\text{Anzahl aller bewerteten Erstbemusterungen}}$$

Bewertet werden nur vom Lieferanten zu vertretende Fehler, d. h. wird eine Erstbemusterung wegen Abnehmerfehler nicht oder nur bedingt freigegeben, so wird dies für die Ermittlung der Qualitätskennzahl als freigegebene Erstbemusterung im Sinne des Lieferanten gewertet. Liegen sowohl Lieferanten- als auch Abnehmerfehler vor, so wird dies für die Ermittlung der Qualitätskennzahl als Lieferantenfehler gewertet. Bei Firmen, bei denen im Auswertungszeitraum keine Erstbemusterungen abgeschlossen wurden, wird das QKZ-Element Erstmusterprüfung nicht bewertet.

Wareneingangsprüfung (WEP)

Es wird die Qualitätskennzahl aus dem SAP-System anhand der getroffenen Verwendungsentscheide (VE´s) verarbeitet. Die zur Berechnung notwendige Formel lautet:

$$\text{WEP} - \text{QKZ} = 1 - (0{,}004 \cdot \text{Anz. aller VE´s} + 4) \cdot \frac{\text{Anzahl VE´s Note 5} + 0{,}1 \cdot \text{Anzahl VE´s Note 3}}{\text{Anzahl aller bewerteten VE´s}}$$

Die getroffenen Verwendungsentscheide entsprechen folgender Beurteilung:

Note 1: in Ordnung
Note 3: bedingt in Ordnung
Note 5: nicht in Ordnung, nicht oder nur mit Nacharbeit oder Aussortierung zu verwenden

Durch die verwendete Formel wird erreicht, dass Lieferanten mit einer geringen Anzahl von Lieferungen nicht überproportional benachteiligt werden. Die Formel wurde entsprechend folgender Eckwerte gewählt:

Ein Lieferant mit 10 Lieferungen und einem Anteil an bemängelten Wareneingängen (Note 5) von 10 % (= ein bemängelter Wareneingang) im Auswertungszeitraum erhält die gleiche WE-Qualitätskennzahl wie ein Lieferant mit 1.000 Lieferungen und einem Anteil an bemängelten Wareneingängen von 5 % (= 50 bemängelte Wareneingänge), nämlich 60 %. Auch bei sonstigen, allgemeinen Reklamationen, die nicht aus Wareneingangsprüfungen resultieren, wird die Benotung des letzten Wareneingangs je nach Fehlerschwere auf Note 3 bzw. 5 geändert. Wurde der betreffende Wareneingang schon wegen eines anderen Fehlers reklamiert, so wird die schlechtere der beiden Noten eingetragen.

Montageausfallrate (MAR)

Die Summe aller in der Montage, Vormontage, Fremdmontage und der an den Reparaturplätzen ausgefallenen und an die QS bzw. den Lieferanten zurückgelieferten Teile des Auswertungszeitraums mit Befund „Herstellfehler" wird durch die im Auswertungszeitraum bewertete Stückzahl dividiert. Zwischen 0 und 500 ppm Ausfallrate sinkt der Erfüllungsgrad linear von 1,0 (0 ppm) bis 0 (500 ppm). Ausfallraten > 500 ppm werden mit dem Erfüllungsgrad 0 bewertet.

Abweichend von der genannten Charakteristik können für Lieferanten mit teile- oder fertigungsbedingten und von Miele akzeptierten, höheren Ausfallraten, angepasste Ausfallraten zur Ermittlung des QKZ-Elements Montageausfälle verwendet werden. Werden komplette Behälter aufgrund fehlerhafter Teile von der Montage abgewiesen, so werden nur die bis zum Abbruch ausgefallenen Teile in der ppm-Bewertung der Montageausfälle bewertet. Die zurückgewiesenen Behälter werden dann mit einer sogenannten allgemeinen Reklamation zum Lieferanten zurückgeschickt und gehen damit in die Wareneingangsbewertung mit ein.

Kundendienstausfallrate (KAR)

Die Summe aller während der Miele-Werksgarantie ausgefallenen und an die QS zurückgelieferten Teile innerhalb der Herstellergarantie des Auswertungszeitraums mit Befund „Herstellfehler" wird durch die im Auswertungszeitraum bewertete Stückzahl dividiert. Zwischen 0 und 500 ppm Ausfallrate sinkt der Erfüllungsgrad linear von 1 (0 ppm) bis 0 (500 ppm). Ausfallraten > 500 ppm werden mit dem Erfüllungsgrad 0 bewertet.

Reklamationsbearbeitung (RBA)

Bewertet wird das Verhalten des Lieferanten beim Auftreten von Reklamationen. Der zuständige Lieferantenbetreuer vergibt anhand der Kriterien Reaktionszeit, Wirksamkeit, Systematik und Inhalt der vom Lieferanten veranlassten kurz-, mittel- und langfristigen Abstellmaßnahmen eine Wertung von 1 (sehr gut) bis 6 (ungenügend) pro erfolgter Reklamation.

Die vergebenen Benotungen entsprechen folgenden Erfüllungsgraden:

1 = 1,0 / 2 = 0,8 / 3 = 0,6 / 4 = 0,4 / 5 = 0,2 / 6 = 0,0.

Die Summe der Benotungen wird durch die Anzahl der Benotungen dividiert und das Ergebnis entsprechend obiger Zuordnung umgerechnet und dargestellt.

Traten im Auswertungszeitraum keine Reklamationen auf, können jedoch Stellungnahmen aus Reklamationen des vorhergegangenen Quartals in der Bewertung erfolgen.

2.4.3.2. Bonitätskennzahl als Risikoindikator

Wenn der Einkauf erhebliche Leistungsschwankungen eines Lieferanten als Risiko in Form eines Symptoms wahrnimmt, dann können mögliche Ursachen dafür beispielsweise in konstruktions-, qualitäts- oder materialbedingten Produktionsstörungen beim Lieferanten oder in aufgetretenen Liquiditätsengpässen liegen. Folgewirkungen sind insgesamt höhere Organisations- und Verwaltungsaufwendungen für alle beteiligten Fachbereiche, höhere Prozesskosten oder sogar Produktionsstillstand, wenn sich als Ursache für die spürbaren Leistungsschwankungen die Annahme bewahrheitet, dass der Lieferant in Zahlungsschwierigkeiten geraten ist und den Gang zum Insolvenzrichter antreten musste.

> Wie man sieht, ist es absolut notwendig, Klarheit und Transparenz zu schaffen, um entsprechend (re)agieren zu können!

Beim Blick in den eigenen Verantwortungsbereich wird ein Großteil der Einkaufsverantwortlichen selbstkritisch feststellen, dass diese differenzierten Sichtweisen durchgängig nicht erfüllt sind. Unternehmensinsolvenzen von Single Sourcing-Lieferanten sind ebenso wenig Ausnahmeerscheinung wie missglückte Versuche der „Lieferantenglobalisierung" unter dem Gesichtspunkt der Risikominimierung. Gleichwohl wäre die

Schlussfolgerung unzutreffend, „Mut zum Risiko" als „Kerntugend" eines zeitgemäßen Lieferantenmanagement anzusehen.

> Die Lieferantenauswahl, das Einphasen neuer Lieferanten ist häufig ein zeit- und ressourcenkritischer Prozess und nichts ist ärgerlicher als im Laufe einer Kunden-Lieferantenbeziehung zu erkennen, dass der falsche Partner an Bord ist.

Wirtschaftlichkeit, Versorgungssicherheit, technisches Know-How sind u. a. Anforderungen, deren Erfüllungsgrad der Einkaufsverantwortliche – zumeist im Team mit dem Qualitäts- und Produktionsmanagement – im Rahmen einer umfassenden Potenzialanalyse ermittelt und bewertet. Auch wenn nicht zu leugnen ist, dass die Erfüllung dieser Kriterien für ein optimiertes Supply Chain Management von unmittelbarer Relevanz ist, so ist das doch nur die „halbe Wahrheit". Oder entspricht es nicht der Realität, dass mangelnde Finanzkraft oder fehlende Liquidität beispielsweise die Versorgungssicherheit eines Unternehmens mittel- oder langfristig gefährden kann? Ist nicht andererseits die exzellente Bonität / Finanzkraft eines Lieferanten Garant für eine erfolgversprechende Kontinuität der Kunden-Lieferantenbeziehungen? Die Erkenntnis muss daher lauten:

> Die kritische Analyse der Bonität eines Lieferanten ist mehr als nur eine betriebswirtschaftliche Modeerscheinung, sondern eine Konsequenz für wirtschaftliches und zukunftweisendes Handeln. Der Verzicht auf die Einbeziehung eines Hauptkriteriums „Bonität / Finanzkraft" (Abbildung 6) in ein aussagefähiges Lieferantenbewertungssystem kann jedem Unternehmen teuer zu stehen kommen.

Die Problematik dieser Bewertungssystematik ist darin zu sehen, dass das für den Kriterienblock Bonität / Finanzkraft ermittelte Bewertungsergebnis in die Gesamtbewertung gewichtet einfließt. Auch wenn davon auszugehen ist, dass der Einkaufsverantwortliche deutliche Abweichungen vom angestrebten Erfüllungsgrad erkennt, so ist doch ein Verlust an Transparenz nicht zu leugnen, zumal in der Regel den Kriterien Wirtschaftlichkeit, Versorgungssicherheit, technisches Know-How eine weit höhere Bedeutung beigemessen wird als der Bonität / Finanzkraft.

Die Schlussfolgerung für den Einkaufsverantwortlichen kann daher nur lauten:

> Die Bonität / Finanzkraft insbesondere eines strategisch wichtigen Lieferanten ist gezielt unter die Lupe zu nehmen, indem Risikoanalyse und -bewertung losgelöst von der ansonsten üblichen Potenzialanalyse erfolgen.

Mit der Ermittlung einer Bonitätskennzahl kann der Einkaufsverantwortliche diesem konzeptionellen Anspruch weitgehend nachkommen. Dabei sollte diese Kennzahl ausschließlich auf der Grundlage quantifizierbarer (messbarer) Kriterien[31] berechnet werden, um ein Höchstmaß an Objektivität und Vergleichbarkeit zu erreichen und damit ein aussagefähiges Lieferantenrating zu ermöglichen.

Die auf der Basis eines Jahresabschlusses ermittelten Kennzahlen erfüllen die Voraussetzung einer absolut zuverlässigen Bewertungsgrundlage. Sofern zwingend erforderlich, sollten qualitative (weiche) Kriterien als zusätzliche Informationen neben der ermittelten Bonitätskennzahl aufgeführt und kommentiert werden.

Die Bonitätskennzahl ist durch eine definierte Anzahl – im Praxisbeispiel 12 durch sechs – Risikoindikatoren beschrieben.[32]

Für die in dem Anwendungsbeispiel als bilanzielle Risikoindikatoren (Elemente) der Bonitätskennzahl zugrunde gelegten sechs Kennzahlen sind die in Abbildung 26 jeweils festgeschriebenen Schwellenwerte zusammengestellt. Diese entsprechen weitgehend der banküblichen Ratingsystematik und den Erfahrungen der Praxis. Sie bilden die Bewertungsgrundlage und ergeben in ihrer Summe die Bonitätskennzahl.

Die in der Abbildung 26 zusammengeführten Tabellen kann der Einkaufsverantwortliche beispielsweise in Excel hinterlegen. Der dem Bewertungsergebnis entsprechende Code ist einzugeben. Die Punktzahlen werden sodann automatisch errechnet.

---

31) Siehe auch hierzu und zum Folgenden die Ausführungen unter Ziffer 2.3.
32) Diese Vorgehensweise entspricht der bei der Bewertung der Leistungsfähigkeit eines Lieferanten üblichen Einkaufspraxis (vgl. Abbildung 6).

Eigenkapitalquote (EK / Gesamtkapital)		
Skalierung in %	Code	Punkte
EQ > 50	1	50
EQ ≤ 50	2	40
EQ ≤ 38	3	30
EQ ≤ 28	4	20
EQ ≤ 20	5	10
EQ < 0	6	0

Anspannungskoeffizient (kurzfr. FK / Gesamtkapital)		
Skalierung in %	Code	Punkte
AK ≤ 10	1	50
AK ≤ 20	2	40
AK ≤ 30	3	30
AK ≤ 40	4	20
AK ≤ 50	5	10
AK > 50	6	0

Anlagedeckungsgrad (EK + langfristiges FK / AV)		
Skalierung in %	Code	Punkte
DG > 140	1	50
DG ≤ 140	2	40
DG ≤ 120	3	30
DG ≤ 100	4	20
DG ≤ 80	5	10
DG ≤ 60	6	0

Liquiditätsgrad (UV / kurzfristig FK)		
Skalierung in %	Code	Punkte
LQ > 150	1	50
LQ ≤ 150	2	40
LQ ≤ 130	3	30
LQ ≤ 110	4	20
LQ ≤ 90	5	10
LQ ≤ 70	6	0

Umsatzrentabilität (Cash Flow / Umsatz)		
Skalierung in %	Code	Punkte
CFU ≥ 17	1	50
CFU ≥ 12	2	40
CFU ≥ 9	3	30
CFU ≥ 5	4	20
CFU ≥ 0	5	10
CFU < 0	6	0

Gesamtkapitalrentabilität (Cash Flow / Gesamtkapital)		
Skalierung in %	Code	Punkte
CGK > 23	1	50
CGK ≤ 23	2	40
CGK ≤ 16	3	30
CGK ≤ 12	4	20
CGK ≤ 8	5	10
CGK < 0	6	0

Abbildung 26: Bonitätskennzahl: Standardisierte Schwellenwerte der bilanziellen Risikoindikatoren

Die aus den Bewertungsergebnissen abgeleiteten Punktzahlen sind abschließend zusammenzufassen. Die für die Bonitätskennzahl maximal erreichbare Punktzahl beläuft sich somit auf 6 mal 50 gleich 300 Punkte.

Um ein Rating der Lieferanten zu ermöglichen, sind – ausgehend von der maximal erreichbaren Punktzahl – Grenzwerte für die zu bildenden Risikoklassen festzuschreiben. Die Klassifizierung könnte der in der nachfolgenden Abbildung 27 zugrunde gelegten Systematik entsprechen:

Gesamtpunktzahl	Mindestpunktzahl / Kennzahl	Risikoklasse / Eintrittswahrscheinlichkeit
300 bis ≥ 240	30	gering / sehr unwahrscheinlich
< 240 bis ≥ 180	20	mittel / unwahrscheinlich
< 180 bis ≥ 120	10	hoch / wahrscheinlich
< 120	10	extrem hoch / sehr wahrscheinlich

Abbildung 27: Risikoorientiertes Rating der Lieferanten nach einem standardisierten Klassifizierungsschema

In jedem Fall ist unternehmensintern sicherzustellen, dass

> die bilanziellen Risikoindikatoren (Elemente), die diesen zugeordneten Schwellenwerte sowie die Risikoklassen für alle einkaufsverantwortlichen Mitarbeiter verbindlich festgeschrieben werden, um eine konsistente Vorgehensweise zu gewährleisten.

Das nachfolgende Beispiel 12 stellt die Umsetzung in die Praxis anhand konkret vorliegender Jahresabschlussangaben dar.

Beispiel 12:   Lieferantenrating – dargestellt an einem Praxisbeispiel

Aus konkretem Anlass muss sich in einem mittelständischen Unternehmen der metallverarbeitenden Industrie der Einkaufsverantwortliche mit der Auswertung der Jahresabschlüsse eines A-Lieferanten befassen. Da es sich dabei um eine GmbH handelt, kann er auf die im Bundesanzeiger veröffentlichten Berichte zurückgreifen, die auch über das Internet verfügbar sind. Darüber hinaus stehen die Ergebnisse eines vor kurzem durchgeführten Finanzaudits zur Verfügung.

Die Abhängigkeit von dem Lieferanten muss als kritisch angesehen werden, da dieser von der Warengruppe LOG 80 % des Jahresbedarfes abdeckt und alternative Beschaffungskapazitäten im Inland nur begrenzt zur Verfügung stehen.

Um ein risikoorientiertes Rating des A-Lieferanten durchzuführen, werden zunächst die für die beiden letzten Geschäftsjahre ermittelten bilanziellen Risikoindikatoren (vgl. Abbildung 28) auf der Basis der in den Tabellen 1 bis 6 festgeschriebenen Schwellenwerte in entsprechende Punktzahlen „umgesetzt". Die Zusammenfassung dieser Punktzahlen führt zur Einstufung in die entsprechende Risikoklasse gemäß Abbildung 29. Die nachfolgende zusammenfassende Darstellung illustriert die Vorgehensweise:

Kennzahlenermittlung

		Jahr X	Jahr X+1
Kapitalstruktur			
1) Eigenkapitalquote	= $\dfrac{EK}{GK}$	= $\dfrac{1400}{4000}$	= $\dfrac{3600}{13000}$
		= 35 %	= 27,7 %
2) Anspannungskoeffizient	= $\dfrac{\text{kurzfr. FK}}{GK}$	= $\dfrac{2000}{4000}$	= $\dfrac{8000}{13000}$
		= 50 %	= 61,5 %
Finanzierung der Vermögenswerte			
3) Anlagendeckungsgrad	= $\dfrac{EK + \text{lgfr. FK}}{AV}$	= $\dfrac{1400 + 600}{1600}$	= $\dfrac{3600 + 1400}{5200}$
		= 125 %	= 96,2 %
Liquidität			
4) Liquiditätsgrad	= $\dfrac{UV}{\text{kurzfr. FK}}$	= $\dfrac{2400}{2000}$	= $\dfrac{7800}{8000}$
		= 120 %	= 97,5 %
Ertragslage			
5) Umsatz	= $\dfrac{\text{Cash Flow}}{\text{Umsatz}}$	= $\dfrac{480 + 90}{4800}$	= $\dfrac{2600 + 680}{20000}$
		= 11,9 %	= 16,4 %
6) Gesamtkapitalrentabilität	= $\dfrac{\text{Cash Flow}}{\text{Gesamtkapital}}$	= $\dfrac{480 + 90}{4000}$	= $\dfrac{2600 + 680}{13000}$
		= 14,3 %	= 25,2 %

Abbildung 28: Ermittlung der bilanziellen Risikoindikatoren (Praxisbeispiel)

Punktzahlenermittlung

		Jahr X	Jahr X+1
Kapitalstruktur			
1) Eigenkapitalquote	$\dfrac{EK}{GK}$	30	20
2) Anspannungskoeffizient	$\dfrac{\text{kurzfr. FK}}{GK}$	10	0
Finanzierung der Vermögenswerte			
3) Anlagendeckungsgrad	$\dfrac{EK + \text{lgfr. FK}}{AV}$	40	20
Liquidität			
4) Liquidität 3. Grades	$\dfrac{UV}{\text{kurzfr. FK}}$	30	20
Ertragslage			
5) Umsatzrentabilität	$\dfrac{\text{Cash Flow}}{\text{Umsatz}}$	30	40
6) Gesamtkapitalrentabilität	$\dfrac{\text{Cash Flow}}{\text{Gesamtkapital}}$	30	50
		170	150
Risikoklasse		III	III

Abbildung 29: Ermittlung der Bonitätskennzahl bzw. der Risikoklasse für einen A-Lieferanten

Die zusammenfassende Auswertung macht unzweideutig klar, dass der A-Lieferant bereits im vorausgegangenen Geschäftsjahr deutlich risikobelastet war. Diese Situation hat sich im Folgejahr noch verschlechtert. Die nunmehr erfolgte Einstufung in die Risikoklasse III lässt ein Anwachsen des Gefährdungspotenzials beim Lieferanten erkennen. Die Eintrittswahrscheinlichkeit einer Insolvenz ist als „hoch" einzuschätzen. Darüber kann auch die herausragende Ertragskraft des Lieferanten nicht hinweg täuschen. Eine unsolide Finanzpolitik hat die existenzgefährdende Situation beim Lieferanten heraufbeschworen.

Daraus folgt: Der Einkaufsverantwortliche muss zur Sicherstellung der Versorgung präventive Maßnahmen ergreifen und in Abstimmung mit der Geschäftsführung alternative Sourcing-Strategien verfolgen.

Ein wesentlicher Nachteil ist in der mangelnden Aktualität ermittelter Bilanzkennzahlen zu sehen. Gleichwohl kann eine fundierte Analyse dazu beitragen, den Fokus auf Lieferanten zu lenken, die in die Risikoklasse III und IV eingestuft werden mussten und deren Entwicklung gezielt zu beobachten ist, um präventive Maßnahmen zur Risikominimierung frühestmöglich zu ergreifen. Darüber hinaus ist es stets sinnvoll, ein Cross-Checking der Informationen und der darauf basierenden Schlussfolgerungen durch die Einbeziehung weiterer interner und externer Quellen zu nutzen. Neben der klassischen Lieferantenselbstauskunft und dem informationsspezifischen Finanzaudit bieten Informationsdienstleister die Möglichkeit zur Absicherung einer lieferantenbezogenen Risikobewertung.

2.5 Auswertung

Um dem Zweck des Lieferantencontrollings gerecht zu werden, sollten die Leistungsdaten der Lieferanten periodisch in kürzeren Abständen überprüft werden. Dabei sind die Daten in unterschiedlicher Verdichtung vorzulegen.

- Die erste Analyseebene wird im Lieferantenprofil dargestellt. Dabei handelt es sich um eine Gesamtwertzahl. Das bedeutet, dass für einen Lieferanten alle Lieferungen in die Berechnung einfließen, unabhängig von der Produktgruppe. Aussagefähiger sind die Daten der zweiten Ebene, auf der eine Aufschlüsselung nach Produktgruppen erfolgen sollte. Anhand dieser Daten kann der Einkäufer prüfen, bei welchen Teilen der Lieferant Probleme hat.
- Für die Analyse der Ursachen einer schlechten Gesamtwertzahl müssen die Daten nach den Anforderungskriterien weiter aufgeschlüsselt werden.
- Eine weitere Aufschlüsselung sollte das Programm der Warenannahme, Wareneingangs- und Qualitätsprüfung ermöglichen.
- Die Bewertung jeder einzelnen Lieferung muss erkennbar sein.

Zusammenfassend lässt sich feststellen:

Das zur Verfügung stehende Lieferantenbewertungssystem muss jedem Einkäufer auf folgende Fragen eine Antwort geben:

- Wie ist die Gesamtwertzahl des Lieferanten zustande gekommen?
- Treten Abweichungen zum wiederholten Male auf?
- Tritt der Fehler nur bei einem bestimmten Material oder einer Materialgruppe auf?

Über Beurteilungsblätter und -hitlisten sollte der Einkauf bei EDV-gestützter Lieferantenbewertung die erforderlichen Informationen erhalten.

2.6 Darstellungsformen

Unterschiedliche Darstellungsmöglichkeiten ergeben sich aus den in der Praxis verwendeten numerischen und grafischen Darstellungsarten. Die grafischen Darstellungsarten sind auch dem ungeübten Praktiker sofort eingängig, lassen aber nur eine geringe Anzahl von betrachteten Kriterien zu. Balkendiagramme, Kreisdiagramme und Profiltechniken sind nur einige der auch in der Praxis angewandten Möglichkeiten, auf die hier im Einzelnen nicht eingegangen werden kann. Im Rahmen einer lieferantenspezifischen Stärken-Schwächen-Analyse sollte der Einkaufsverantwortliche nach Möglichkeit auf die Profiltechnik zurückgreifen, durch eine Visualisierung der Bewertungsergebnisse „auf einen Blick" die strategisch wichtigen Ansetzpunkte erkennbar zu machen. Die Fragestellungen lauten:

– Wo steht der Lieferant?
– Wo sollten wir Maßnahmen zur Lieferantenentwicklung ansetzen?

3. Leitlinien zur Einführung und Anwendung eines Lieferantenbewertungssystems

Horst Hartmann

Die Effizienz eines Lieferantenbewertungssystems ist entscheidend davon abhängig, ob sich die „Betroffenen" mit dem System identifizieren und davon überzeugt sind, dass es keinem Selbstzweck dient, sondern Mittel zum Zweck ist! Damit sich Akzeptanz und Motivation herausschälen, ist es zwingend erforderlich, die potenziellen Anwender vom crossfunktionalen Nutzen eines leistungsstarken Lieferantenbewertungssystems zu überzeugen.

Im Übrigen:

„Das Rad muss nicht immer neu erfunden werden!"

Dieser althergebrachte Spruch zielt darauf ab, dass man grundsätzlich bereit sein sollte, aus Negativ- und Positivbeispielen[33] zu lernen. Es stellt sich somit die Frage, welche allgemeinen Erkenntnisse sich aus den behandelten Problemfeldern ergeben. Dabei ist nicht zu übersehen, dass die Vielzahl unternehmensinterner und -externer Einflussfaktoren es nahezu unmöglich erscheinen lassen, für die Entwicklung und / oder Evaluierung eines aussagefähigen Lieferantenbewertungssystems einen „Königsweg" im Sinne einer Standardlösung aufzuzeigen.

---

[33] Siehe dazu unter Ziffer 2.2.2 die Abbildung 7 als Negativbeispiel.

Das Rad muss nicht unbedingt neu erfunden werden.

Abbildung 30:   Das Rad muss nicht unbedingt neu erfunden werden.

Um die mit der Einführung eines Lieferantenbewertungssystems verbundenen Ziele zu erreichen, sind darüber hinaus vor allem die nachfolgend aufgelisteten Regeln und Anwendungsaspekte sowie Grundsätze und Richtwerte zu beachten, die teilweise ausführlicher in den ersten Abschnitten dargelegt wurden.

3.1 Allgemeine Anwendungsaspekte

Obwohl sich die Entwicklung und Einführung eines Lieferantenbewertungssystems stets vor dem Hintergrund unternehmensspezifischer Rahmenbedingungen und Zielvorstellungen vollzieht, so sind doch im Allgemeinen folgende Anwendungsaspekte zu beachten:

→ Das Lieferantenbewertungssystem sollte modular aufgebaut werden, um sicherzustellen, dass die Ergebnisse aus der Bewertung
  - der erbrachten Lieferleistung (Ergebnisbewertung) und
  - der eingeschätzten Leistungsfähigkeit (Potenzialbewertung)
  unverfälscht ausgewertet werden können.

→ Als Bewertungsverfahren sollte das „Fünf-Noten-System" zugrunde gelegt werden, da die Bewertung nach Schulnoten und die Skalierung von „Eins" bis „Fünf" mit der „Eins" als Bestnote kaum weiterer Erklärung bedarf.

→ Die Einführung des Lieferantenbewertungssystems sollte schrittweise erfolgen. Mit anderen Worten: Es sollte sinnvollerweise zunächst nur ein kleiner (vertrauter) Lieferantenkreis in die Bewertung der Lieferleistung und / oder der Leistungsfähigkeit einbezogen werden, um im Rahmen dieser Testphase mögliche Systemfehler abzubauen und Verbesserungsvorschläge, die auch von Lieferanten kommen können, zu nutzen.

→ Die Bewertung ist für alle Produktgruppen eines Lieferanten durchzuführen.
  Eine nach Produktgruppen differenzierte Bewertung ist erforderlich, wenn
  - technologisch unterschiedliche Produkte von einem Lieferanten gefertigt und / oder
  - differenzierte Lagerhaltungs- bzw. Anlieferungsstrategien verfolgt werden.

→ Die Bewertung der Lieferleistung erfolgt im ERP-System automatisch mit jedem Wareneingang nach standardisierten Bewertungs- und Verarbeitungsregeln.

→ In den Bewertungsprozess können grundsätzlich alle Lieferanten unabhängig von ihrem Umsatzanteil einbezogen werden.

→ Eine Mindestanzahl der im Beobachtungszeitraum erfassten und bewerteten Wareneingänge ist mit z. B. „Sechs" festzulegen, um zu einer repräsentativen und vergleichbaren Aussage zu kommen. (Die Anwendung komplexer Formeln erscheint in diesem Zusammenhang im Allgemeinen nicht zwingend erforderlich zu sein.)

→ Mögliche Fehlerquellen im eigenen Unternehmen, die die erbrachten Lieferleistungen verfälscht darstellen und dadurch die Kunden-Lieferantenbeziehungen belasten können, sind zu erkennen und auszuschließen.

Folgende Beispiele sind dafür typisch:

- Zum Liefertermin
  - unhaltbare Terminvorgaben (nicht die vorgegebenen, sondern die vereinbarten Termine sind bei der Bewertung der Terminzuverlässigkeit die Vergleichsgrundlage!)
  - nachträgliche unabgestimmte Terminänderungen
  - nicht dokumentierte mündliche Terminabsprachen

- Zur Liefermenge
  - unvereinbarte Mengenvorgaben
  - nicht dokumentierte mündliche Mengenabsprachen
  - häufige Bestelländerungen

- Zur Qualität
  - nicht abgestimmte technische Änderungen
  - nicht dokumentierte Fehlerquoten
  - nicht festgehaltene Ausschussquoten
  - unterlassene Mängelanzeigen

→ Sofern zur Einschätzung der Leistungsfähigkeit eines Lieferanten Kriterienblöcke (Haupt- und Teilkriterien) im Standard vorgegeben sind, ist die Bewertung des Hauptkriteriums (z. B. Preis- und Kostenmanagement) aus den gewichteten Bewertungsergebnissen der diesen jeweils zugeordneten Teilkriterien (z. B. Preisniveau, Kostentransparenz etc.) herzuleiten.

→ Eine Beurteilung der Leistungsfähigkeit ausgewählter Lieferanten im Sinne einer Potenzialanalyse und -bewertung sollte „routinemäßig" halbjährlich oder jährlich sowie in folgenden Fällen erfolgen:
  - vor Erstkauf, modifiziertem Wiederholungskauf in der Anfragephase (sogenannte Lieferantenvorauswahl)
  - vor Kauf neuer Produktgruppen
  - nach Produktionsverlagerungen
  - bei wiederholtem Auftreten von Versorgungsproblemen und / oder Leistungsschwankungen

→ Um den Aufwand bei der Bewertung / Einschätzung der Leistungsfähigkeit der Lieferanten nicht in die Höhe zu treiben, hat es sich in der Einkaufspraxis bewährt, diese im Wesentlichen auf A-Lieferanten zu beschränken. Es kann jedoch zweckmäßig sein, auch die umsatzstärksten B-Lieferanten in die Bewertung der Leistungsfähigkeit einzubeziehen. Damit sind 80 bis 90 % des Einkaufsvolumens erfasst, aber nur 15 bis 20 % der Lieferanten. Dabei handelt es sich im Sinne der Portfolioanalyse vorwiegend um Schlüssel- und Hebellieferanten.[34] In jedem Fall sind neben den umsatzstärksten auch die strategisch wichtigen (kritischen) Lieferanten in die Bewertung einzubeziehen.

→ Die Leistungsfähigkeit eines Lieferanten sollte durch ein zumindest aus dem Einkauf, Qualitätsmanagement und Technik bestehenden Team unter Einbeziehung eines Lieferantenaudits eingeschätzt werden.

→ Um möglichst objektiv beurteilen zu können, ob und inwieweit Lieferanten die weitestgehend nicht messbaren Kriterien der Potenzialanalyse erfüllen, sollte auf den Einsatz von Checklisten[35] mit vorformulierten Prüffragen zu den jeweiligen Kriterien nicht verzichtet werden.

→ Die Bewertungsergebnisse sind – soweit es die Bewertung der Leistungsfähigkeit anbelangt – in einem Kalkulationsprogramm (z. B. in Excel) zu erfassen, da die Standard-Software in der Regel nicht im Sinne eines aussagefähigen Lieferantenbewertungssystems konzipiert ist.

→ Grobe Abweichungen sind nicht kompensierbar, d. h. schlechte Bewertungsergebnisse können durch gute Bewertungsergebnisse nicht ausgeglichen werden.

→ Die Lieferantenbewertung muss gerecht sein. Dieser Forderung sollte dadurch Rechnung getragen werden, dass
  – teilespezifische Unterschiede wie Baugruppenkomplexität und situative Gegebenheiten wie Termindruck berücksichtigt werden,
  – die Bewertung – sofern diese auf der Grundlage quantifizierbarer / messbarer Kriterien nicht im ERP-System automatisch erfolgt – von einem Beurteilungsteam durchgeführt wird,
  – Daten- und Planungsqualität seitens des Kunden gegeben sind,
  – die Ergebnisse dokumentiert werden.

---

[34] Siehe vom Verf., Lieferantenmanagement, a. a. O., S. 31 ff.
[35] Siehe dazu unter Ziffer 2.2.3 die abgebildeten Checklisten (Abbildung 9, 10, 11 und 12).

→ Die Klassifizierung der Lieferanten in die Kategorien „ausgezeichnet", „bevorzugt", „geeignet" und „nicht geeignet (Outphasen-Status) erfolgt grundsätzlich auf der Basis der Gesamtbewertung, in die die Ergebnisse aus der Bewertung der Lieferleistung (Modul I) und aus der Bewertung der Leistungsfähigkeit (Modul II) gewichtet beispielsweise im Verhältnis 60 zu 40 % einfließen.

→ Die Bewertungsgrundsätze sind den Lieferanten bekannt zu geben und werden von ihnen akzeptiert.

→ Die Rückinformation der Bewertungsergebnisse aus Lieferleistung an den Lieferanten ist von entscheidender Bedeutung für den angestrebten Effekt einer kontinuierlichen Verbesserung seiner Leistung.

→ Die Informationsflut sollte intern und extern durch die Beschränkung auf Negativmitteilungen eingegrenzt werden.

→ Änderungen (z. B. der Gewichtungsunterschiede) sollten nicht im Alleingang erfolgen; sie sind nach innen und nach außen erklärungsbedürftig.

→ Es ist zu prüfen, ob und in wieweit eine Risikobewertung getrennt von der routinemäßigen Lieferantenbewertung erfolgen sollte.

3.2 Grundsätze und Richtwerte

Die bei der Entwicklung und / oder Evaluierung eines Lieferantenbewertungssystems zu beachtenden Grundsätze und Richtwerte, auf die zum Teil bereits unter Ziffer 3.1 hingewiesen wurden, werden nachfolgend verdeutlicht und ergänzt:

(1) Grundsätze

Im Allgemeinen sollte nach dem Motto „Keep it Simple" verfahren werden. Dabei sollten jedoch die wesentlichen Grundsätze, die zu einer weitestgehend objektiven Ermittlung des Bewertungsergebnisses führen (könnten), nicht unbeachtet bleiben. Als entscheidungsrelevante Grundsätze sind vor allem zu nennen:

- Eindeutigkeit
- Gerechtigkeit
- Transparenz
- Nachvollziehbarkeit
- Aktualität
- Wirtschaftlichkeit

In diesem Zusammenhang sind in erster Linie zu vermeiden:
1. Mischsysteme (Keine eindeutige (!) Trennung / Unterscheidung zwischen Zuverlässigkeit und Potenzialkriterien)
2. Scheingenauigkeit (Übertriebene Anzahl von Kriterien und Bewertungsstufen sowie äußerst geringfügige Gewichtungsunterschiede)
3. Gewichtungsproblematik (Nicht nachvollziehbare (!) Festlegung der Gewichtungsunterschiede, Grundproblem: Welches Kriterium ist wie oder überhaupt nicht zu gewichten?)
4. Bewertungssystematik (Unzureichende Richtlinien, Grundproblem: Bei welchem Erfüllungsgrad ist welche Note / Punktzahl zu vergeben?)
5. Subjektivität (Unzureichender Einsatz von Checklisten, Grundproblem: Wie ist eine weitgehend Potenzialbewertung zu erreichen?)
6. Daten- und Planungsqualität (Unzureichende Datenpflege, defizitäre Abstimmungsmechanismen unternehmensintern und -extern, Grundproblem: „Wer" ist für „was" verantwortlich?)
7. Verschwendung (Informationsflut, Grundproblem: Wie sind Egoismen zu überwinden?)

(2) Richtwerte

Richtwerte bieten mit Sicherheit stets den Anstoß, über deren „Sinn oder Unsinn" zu diskutieren. Wenn man diese Ausgangslage jedoch mit einer orientierungslosen Situation vergleicht, so sollte man sich gleichwohl für den Rückgriff auf Richtwerte entscheiden. In diesem Zusammenhang ist vor allem eine Antwort auf folgende Fragestellungen zu finden:
1. Wie viele und welche Kriterien sollten berücksichtigt werden?
2. Welche Kriterien sollten wie gewichtet werden?
3. Welche Bewertungssystematik sollte zugrunde gelegt werden?
4. Wie häufig sollte eine Bewertung / Auditierung der Lieferanten erfolgen?

Nachfolgend wird grundsätzlich davon ausgegangen, dass die Bewertung der Lieferleistung und die Einschätzung der Leistungsfähigkeit von Lieferanten getrennt erfolgen. Damit wird vor allem dem Gesichtspunkt der Eindeutigkeit Rechnung getragen und der möglichen Akzeptanz eines Mischsystems entgegengewirkt.
1. Kriterien
    a) Die Anzahl der Zuverlässigkeitskriterien, die zur Bewertung der erbrachten Lieferleistung eines Lieferanten herangezogen

werden, sollte „3" nicht übersteigen und sich auf folgende beschränken:
- Termin
- Menge
- Qualität

Zu beachten ist:

> Die Bewertung der Zuverlässigkeit eines Lieferanten beruht auf Ereignissen (Wareneingängen), die in der Vergangenheit registriert wurden. Es handelt sich damit um eine Ergebnisbewertung.

b) Die Anzahl der Hauptkriterien, die zur Einschätzung der Leistungsfähigkeit eines Lieferanten zu Grunde zu legen sind, sollte „5" nicht überschreiten. Dabei sollte es sich um die nachstehend aufgeführten Potenzialkriterien handeln:
- Preis- und Kostenmanagement
- Versorgungssicherheit
- Know-How
- Service
- Ökologie

Die Anzahl der Teilkriterien, die jeweils jedem Hauptkriterium zuzuordnen sind, sollten ebenfalls „5" nicht überschreiten. (Anmerkung: aus der Bewertung der Teilkriterien ergibt sich die Bewertung des jeweiligen Hauptkriteriums, so dass – um eine indirekte Gewichtung zu vermeiden – die Anzahl der Teilkriterien von Hauptkriterium zu Hauptkriterium nicht schwanken sollten!)

Zu beachten ist:

> Die Einschätzung der Leistungsfähigkeit eines Lieferanten beruht auf einer Stichtagsbetrachtung der zukunftsweisenden Lieferantenpotenziale. Es handelt sich somit um eine Potenzialbewertung bzw. -einschätzung.

2. Gewichtung

a) Die Bewertungsergebnisse der „3" Zuverlässigkeitskriterien sollten ungewichtet in die Gesamtbewertung „Lieferleistung" einfließen.

(Anmerkung: Sofern ein Kriterium z. B. aus fertigungstechnischer Sicht von zentraler Bedeutung ist, sollte dieses als K. O.-Kriterium definiert werden.)

Zu beachten ist:

> Im JiT- bzw. JiS-Zeitalter erscheint es im Regelfall aus unternehmenspolitischer Sicht vertretbar, wenn zwischen Qualitäts- und Bestandsmanagement sowie Supply Chain Management kein Bedeutungsunterschied gemacht wird.

b) Bei der Einschätzung der Leistungsfähigkeit eines Lieferanten sollten sowohl die Hauptkriterien als auch die Teilkriterien hinsichtlich ihrer Bedeutungsunterschiede gewichtet werden.

(Anmerkung: die Gewichtungsunterschiede sollten eindeutig (!) und damit rational nachvollziehbar (!) z. B. mit „5" oder mit einem Vielfachen davon festgelegt werden.)

Zu beachten ist:

> Sowohl die Haupt- als auch die Teilkriterien konkurrieren gewissermaßen miteinander, so dass in beiden Fällen eine Gewichtung vorgenommen werden muss.

3. Bewertungssystematik

a) Die Bewertung der Zuverlässigkeit eines Lieferanten erfolgt im ERP-System nach einem festgelegten Regelwerk gleichsam automatisch mit jedem Wareneingang. Die Bewertungsstufen sollten „5" weder unter- noch überschreiten.

(Anmerkung: Die zu verarbeitenden Daten sollten ohne „Wenn und Aber" aktuell (!) und im Sinne von „richtig" durchweg eindeutig (!) sein.)

Zu beachten ist:

> In jedem Fall ist das Bewertungsergebnis der messbaren (quantitativen) Kriterien als gerecht (!) anzusehen, sofern sich die Einbeziehung von Ausnahme- bzw. Verarbeitungsregeln[36] in Grenzen hält.

---

36) Siehe im Einzelnen unter Ziffer 2.2.4.

b) Die Einschätzung der Leistungsfähigkeit eines Lieferanten, d. h. die Potenzialbewertung, ist von einem Beurteilungsteam in der Weise vorzunehmen, dass anhand von vorformulierten kriterienspezifischen Prüffragen jeweils abgecheckt wird, ob der Lieferant die durch Attribute oder attributive Ergänzungen beschriebenen Bewertungsmaßstäbe zu 100 % erfüllt oder Abstriche im Rahmen einer 5-stufigen Skalierung vorzunehmen sind. Die Bewertungsergebnisse werden aufgrund nicht geeigneter Standardlösungen in der Regel in Excel oder einem alternativen Kalkulationsprogramm weiter verarbeitet.

(Anmerkung: In den häufig mit einer Lieferantenauditierung oder Gesprächen „vor Ort" verbundenen Prozess der Informationsgewinnung und Potenzialbewertung werden – um den dadurch verursachten Aufwand zu verringern – ausschließlich die umsatzstärksten und strategisch wichtigsten Lieferanten, d. h. in etwa 20 % aller Lieferanten einbezogen.)

Zu beachten ist:

> Die Potenzialbewertung beruht im Wesentlichen auf manuellem und nicht standardisierbarem Doing, so dass das Beurteilungs- bzw. Review-Team gefordert ist, subjektive Einflüsse weitestgehend auszuschalten.

4. Häufigkeit
   a) In die Bewertung der Zuverlässigkeit können grundsätzlich alle Lieferanten einbezogen werden. Die Zusammenfassung der Einzelergebnisse sollte monatlich oder quartalsweise erfolgen. Die Lieferanten sind selektiv – bei ins gewichtfallenden Soll-Ist-Abweichungen oder deutlich erkennbaren Negativtrends – zu unterrichten.
   b) Die Potenzialbewertung sollte in der Anfragephase, d. h. im Rahmen der Vorauswahl eines Lieferanten durch das Review-Team in zwei Schritten erfolgen. Nach der Freigabe / Zulassung als Serienlieferant sollte sich die Bewertung / Auditierung ein- bis zweimal jährlich bis zum Zeitpunkt des „Outphasen" wiederholen.

3.3 Wer bewertet was?

Diese Frage stellt sich bei ERP-gestützter Bewertung der Lieferleistung nicht: Die in diesem Fall messbaren Kriterien (sogenannte Hard Facts) werden automatisch aus Daten ermittelt, die an anderer Stelle im Unternehmen, unabhängig vom Lieferantenbewertungssystem, erfasst wurden, z. B. beim Wareneingang oder im Qualitätsmanagement.

> Im Übrigen müssen Aktualität und Zuverlässigkeit der zu verarbeitenden Daten ohne Einschränkung gewährleistet sein, um Zweifel an der Aussagefähigkeit der ermittelten Bewertungsergebnisse weder intern noch extern aufkommen zu lassen. Daten- und Planungsqualität sind ein unabdingbares Muss!

Bei der Bewertung der Leistungsfähigkeit werden nahezu ausschließlich qualitative nicht messbare Kriterien (sogenannte Soft Facts bzw. Soft Skills) zugrunde gelegt. Die Bewertung, die sich stets nur auf relativ wenige (umsatzstarke und / oder strategisch wichtige) Lieferanten erstreckt, sollte auf der Basis vorgefertigter Checklisten im Team erfolgen, um ein Höchstmaß an Objektivität und Vergleichbarkeit sicherzustellen. In Großunternehmen sollte es bei der Umsetzung dieses Grundsatzes keine personellen Kapazitätsengpässe geben. Auch eine arbeitsteilige Vorgehensweise kann sich anbieten, etwa in der Form:

- Das Qualitätsmanagement bewertet Kaufteile, Qualitätssystem und Qualitätsbewusstsein.
- Forschung und Entwicklung bewerten Entwicklungspotenzial und -leistung sowie Innovationsbereitschaft.
- Die Produktion bewertet das Verhalten bei Qualitätsproblemen.
- Der Einkauf bewertet Preis- und Kostendisziplin, Kommunikation und Bonität / Finanzkraft sowie die Flexibilität des Lieferanten aus seiner Sicht.
- Die Logistik bewertet Lieferflexibilität und Service in Notfällen.

Auch für mittelständische Unternehmen kann es als durchaus zweckmäßig angesehen werden, dass Lieferantenbesuche, die der Potenzialanalyse und -bewertung dienen sollen, im Team erfolgen. In der Regel nehmen neben dem Einkauf Techniker aus der Produktion und Entwicklung sowie Mitarbeiter/-innen aus dem Qualitätsmanagement an der Auditierung des Lieferanten teil.

Damit wird auch der Forderung nach einer möglichst gerechten Lieferantenbewertung Rechnung getragen, was auch dadurch geschehen kann, dass mehrere Mitarbeiter/-innen aus dem Einkauf (z. B. Facheinkäufer, sein Stellvertreter sowie der Abteilungsleiter) denselben Lieferanten getrennt bewerten.

Ressourcenbedingte Engpässe können dadurch abgemildert werden, dass möglichst viele Informationen / Daten elektronisch erfasst und entsprechend abgespeichert werden.

3.4 Verfahrensrichtlinien

Die Abläufe zur Freigabe / Zulassung und Überwachung von Lieferanten sollten in einer Verfahrensanweisung geregelt werden, wobei – wie in einem konkreten Anwendungsfall – u. U. folgende Gliederungspunkte zu berücksichtigen sind:

1. Einführung
   - Definition
   - Gruppeneinteilung der Lieferanten
   - Liste freigegebener / zugelassener Lieferanten (LfL)
   - Lieferantenhistorie

2. Verfahren zur Qualifizierung
   - Antrag auf Aufnahme in die LfL
   - Beurteilung der prinzipiellen Eignung des potenziellen Lieferanten
   - Aufnahme in die LfL
   - Erstmusterprüfung bei Lieferantengruppen 1 - 3
   - Ausnahmen

3. Überwachung freigegebener Lieferanten
   - Permanente Bewertung der prinzipiellen Lieferanteneignung
   - Permanente Bewertung bei Lieferantengruppe 1
   - Ermittlung der Q-Zahl
   - Terminwertzahl
   - Qualitätswertzahl
   - Gesamt Q-Zahl
   - Kategorien
   - Permanente Bewertung bei Lieferantengruppen 2 und 3

- Permanente Bewertung bei Lieferantengruppe 4 (Dienstleistungen)

4. Verfahren zur Disqualifizierung
   - Analyse der Bewertungsergebnisse (Trend, Einflussfaktoren)
   - Analyse des Entwicklungspotenzials
   - Maßnahmen (z. B. Quotenreduzierung, Ausschluss)

5. Sonstige Regelungen
   - K.O.-Kriterien
   - Sensitive Supplier (Lieferant ist auch Kunde)

6. Referenzen

4. Erste Fallstudie:

Das Lieferantenbewertungssystem in einem Unternehmen der Elektroindustrie

Heinrich Orths

4.1 Zum Unternehmen

Das Unternehmen aus der Elektroindustrie gehört zu einer internationalen Unternehmungsgruppe. Der Firmensitz ist Ratingen. Zu den Produkten zählen Schaltgeräte, Schaltanlagen und Komponenten der Mittelspannungstechnik.

Seit vielen Jahren beträgt das Einkaufsvolumen mehr als 50 % vom Verkaufsvolumen. Der Anteil steigt aufgrund von Outsourcingmaßnahmen stetig an.

Mit dem Customer-Focus-Programm hat sich die Unternehmensgruppe bereits vor Jahren eine deutliche Hinwendung zum Kunden zur Unternehmensstrategie gemacht. Die Orientierung am Kunden, am Kundennutzen hat auch durchgreifende Folgen für die Zusammenarbeit mit Lieferanten. In dieser Zusammenarbeit werden die Lieferanten als Partner erkannt und anerkannt. Das setzt nicht nur ein Umdenken in allen Bereichen voraus, sondern erfordert den Einsatz zuverlässiger Instrumente zum gezielten Aufbau strategischer Partnerschaften. Diese gilt es, mit Leben zu erfüllen. Dazu gehört nicht zuletzt die permanente Verbesserung der Produkte und Prozesse. Um das zu erreichen, ist neben dem „guten Willen" von beiden Seiten, vor allem ein leistungsfähiges Lieferantenbewertungssystem erforderlich.

> Für ein zielgerichtetes Lieferantenmanagement ist ein ganzheitliches (integriertes) Lieferantenbewertungs- und -controllingsystem unverzichtbar!

4.2 Das Lieferanten-Spektrum

Das Unternehmen hat Anfang der 90er Jahre mit der systematischen Lieferantenbewertung begonnen. Gemachte Erfahrungen wurden zur Verbesserung und Ausweitung des Lieferantenbewertungssystems genutzt. Inzwischen werden

- alle Lieferanten mit Langfristverträgen
- alle Lieferanten mit mehr als 100 TEUR Jahresvolumen und regelmäßigen Bezügen (Material und Leistungen)
- alle Lieferanten, die speziell unter Umweltaspekten zu betrachten sind

in das Lieferantenbewertungssystem einbezogen.

Diese Kriterien haben dazu geführt, dass mehr als 85 % des Einkaufsvolumens einer systematischen Lieferantenbewertung unterzogen werden. Darüber hinaus wurden die Kriterien so gewählt, dass nur etwa 15 % aller Lieferanten für eine permanente Bewertung in Betracht kommen (konnten). Damit wurde sichergestellt, dass

- nicht – wie irrtümlich angenommen werden kann – möglichst viele Lieferanten, sondern vor allem die wichtigsten Lieferanten in das Lieferantenbewertungssystem eingebunden werden.
- mit vertretbarem Aufwand letztendlich eine Optimierung des Lieferantenportfolios erreicht werden kann!

Lieferanten für (kaum wiederholbare) Investitionen fallen ebenso durch dieses Raster wie leicht austauschbare C-Lieferanten. Wenn der Wiederholcharakter fehlt, ist keine Voraussetzung für eine permanente Verbesserung gegeben. Ohne diese macht die Bewertung der Leistung (Lieferantenbewertung) keinen Sinn. Auch ein noch so hoher Auftragswert kann diese Einschätzung nicht infrage stellen.

Bei C-Lieferanten lohnt der Aufwand nicht. In aller Regel werden sich beide Seiten kaum die notwendige Zeit nehmen, einen Verbesserungsprozess einzuleiten und vor allem durchzuhalten. Eher wird man sich bei ernsthaften Problemen trennen.

4.3 Standardisierung der Anforderungskriterien

Bei Einführung der Lieferantenbewertung wurde zunächst ein einfaches System genutzt. Gemessen wurden lediglich die Kriterien

- Qualität (Lieferqualität)
- Termineinhaltung
- Kosten (Preisniveau)

Unter- bzw. Teilkriterien wurden nicht vorgesehen. Die einfache Struktur, nachvollziehbare Bewertungen / Einschätzungen führten innerhalb kurzer Zeit zur Akzeptanz. Gerade diese ist sowohl bei den „betroffenen" Mitarbeitern des eigenen Unternehmens wie auch bei den Lieferanten von großer Bedeutung.

| Akzeptanz ist der Schlüssel zum Erfolg!

Ein anscheinend perfektes, und damit komplexes System, hätte nur mit hohem Aufwand betrieben werden können. Dabei hätte es wahrscheinlich nur schwer nachvollziehbare Informationen geliefert. In der Regel stoßen solche Systeme auf Ablehnung. Daher wurde ein solches von vornherein nicht als Messlatte für das eigene System ins Auge gefasst.

Die sinnvolle Erweiterung des Systems wurde hingegen durch den maßvollen Zuschnitt der ursprünglichen Version erleichtert. Aus Vereinfachungsgründen wurde den bereits vorhandenen Kriterien eine eingegrenzte Anzahl weiterer Indikatoren hinzugefügt, die als bewertungsrelevant eingeschätzt wurden. Aus Vereinfachungsgründen wurde somit – der Problematik durchaus bewusst – ein Mischsystem aus zu bewertender Leistungsfähigkeit und Lieferleistung kreiert. Der durch die Erweiterung ausgelöste Mehraufwand wurde akzeptiert.

Inzwischen wurde das Lieferantenbewertungssystem auf fünf Hauptkriterien ausgedehnt, die durch Teilkriterien untersetzt sind. Haupt- und Teilkriterien werden – wie in Abbildung 31 dargestellt – gewichtet.

Hauptkriterium	Gewicht	Teilkriterien	Gewicht
1. Qualität	40 %		
2. Lieferung	30 %		
		2.1 Liefertreue	70 %
		2.2 Lieferzeit	15 %
		2.3 Mengentreue	5 %
		2.4 Lieferflexibilität	10 %
3. Kosten	20 %		
		3.1 Preistransparenz	15 %
		3.2 Preisverhalten	25 %
		3.3 Preisniveau	25 %
		3.4 Total Cost	35 %
4. Service	5 %		
		4.1 Reaktion auf Anfragen	30 %
		4.2 EDV	20 %
		4.3 Auftragsabwicklung	30 %
		4.4 Ersatzteilversorgung	20 %
5. Allgemein, Management	5 %		
		5.1 Know-How	40 %
		5.2 Umwelt	30 %
		5.3 Geschäftspolitik	30 %

Abbildung 31: Gewichtete Haupt- und Teilkriterien

Hinter dem Hauptkriterium „Allgemein / Management" verbirgt sich ein nicht zu unterschätzendes Kommunikationsproblem. Mit den zugeordneten Teilkriterien wird die allgemeine Einschätzung des Lieferanten einschließlich seiner Marktsituation abgedeckt. Nicht die Einschätzung ist das Problem, sondern die anschließende Diskussion mit dem Lieferanten, um die „Wahrheit" zu finden. Offenheit und Vertrauen sind unabdingbare Voraussetzungen für eine möglichst objektive Ergebnisbewertung.

Die Zuordnung der jeweiligen Gewichtungsprozentsätze folgt der Unternehmensstrategie. So wurden Haupt- und Teilkriterien im Laufe der Jahre mehrfach den veränderten Gegebenheiten und Erfordernissen angepasst. Nicht zuletzt der permanente Verbesserungsprozess in der

Zusammenarbeit mit Lieferanten hat zu einer gleichgewichtigen Bewertung von Qualität, Lieferung und Kosten geführt.

4.4 Das Bewertungsverfahren

Soweit möglich sollen die Teilkriterien auf messbaren Fakten beruhen. Wenn dieses nicht, oder nur mit unverhältnismäßig hohem Aufwand zu bewerkstelligen ist, kann die Messung durch eine qualifizierte Schätzung ersetzt werden.

Bei den messbaren Teilkriterien wird auf vollautomatische bzw. teilautomatische Auswertungen zurückgegriffen.

Einschätzungen erfolgen auf der Basis eines Punktbewertungsverfahrens mit einer festgeschriebenen Skalierung 10, 30, 50, 80, 90 und 100 Punkten. Um die Bewertungssystematik transparent zu gestalten und den Lieferantenbewertungsprozess zu vereinfachen und weitgehend zu objektivieren, wurden im System Bewertungstableaus hinterlegt. Aus diesen geht – wie Abbildung 32 illustriert – eindeutig hervor, bei welchem Erfüllungsgrad der definierten Messgrößen, welche Punktzahl zu vergeben ist.

Lieferant:

Bewertungszeitraum: **Stand:**

Bewertet von: Abtlg.:   DECMS /   Name

Lieferantenbewertungssystem

Beurteilungs-kriterien	Messgrößen	Erfüllungsgrad					
		1	2	3	4	5	6
Punkte		10	30	50	80	90	100
Kosten	**(20 %)**						
Preistransparenz (15 %)	Einblick in die Preiskalkulation	kein Einblick	Pauschalpreise mit grober Aufschlüsselung	unbegründete Aufschlüssel. In Kostenblöcken	transparentes Angebot aller Leistungskomponenten	teilweise Einblick in Kalkulation	detaillierter Einblick in die Kalkulation
Preisverhalten (25 %)	Preise des Anbieters im Verhältnis zum durchschnittlichen Marktpreis	> 10 % darüber	< 10 % darüber	< 5 % darüber	marktgerecht (+/- 1 %)	< 5 % darunter	> 5 % darunter
Preisniveau (25 %)	Preissteigerungsrate im Verhältnis zum Branchenindex	> 10 % darüber	< 10 % darüber	< 5 % darüber	entspricht Branchenindex (+/- 1 %)	< 5 % darunter	> 5 % darunter
Total Cost (TC) (35 %)	Grad der Einflussnahme auf Gesamtkosten, d. h. Kosten der gesamten Wertschöpfungskette Lieferant / Kunde	keine Initiative	Auseinandersetzung mit TC-Ansätzen	Erste aktive Einflussnahme auf TC-Blöcke	erste Zusammenarbeit zu TC-Reduzierungen	TC-Aktivitäten intensiver als beim Wettbew.	vorbildliche Kooperation zur Reduzierung von Gesamtkosten

Abbildung 32:   Bewertungstableau für den Kriterienblock „Kosten"

Die Bewertung der messbaren Teilkriterien kommt in aller Regel rechnergestützt (ERP-System) zustande. Hierzu zwei Beispiele:

Lieferqualität:
Jede Lieferung, die aufgrund einer Bestellung erfolgt, wird beim Wareneingang erfasst. Sie gilt solange als einwandfrei, bis ggf. durch die Wareneingangsprüfung oder zu einem späteren Zeitpunkt eine Beanstandung ausgelöst wird.

Die Einzelbewertung erfolgt nach folgendem Schema:

- einwandfrei: 100 Punkte
- geringe Fehler oder teilweise fehlerhaft: 50 Punkte
- nicht verwendbar, zurückzuweisen: 0 Punkte

Die Erfassung erfolgt über das Qualitätssystem rechnergestützt und nachvollziehbar. Ein Mehraufwand für das Lieferantenbewertungssystem ist nicht gegeben.

Aus den Einzelbewertungen wird eine Summe gebildet, diese wird durch die Anzahl der Einzelbewertungen dividiert. Der Wert stellt die Bewertung für das Teilkriterium Lieferqualität dar. Diese geht anteilig in das Hauptkriterium Qualität ein.

Liefertreue:
Jede Lieferung wird zum Zeitpunkt des Wareneingangs bewertet. Hierbei wird der Tag der Wareneingangsbuchung mit dem vereinbarten Soll-Liefertermin verglichen. Die Einzelbewertung erfolgt nach folgendem Schema:

- pünktlich (in der Toleranz): 100 Punkte
- innerhalb der erweiterten Toleranz (zu früh oder zu spät): 50 Punkte
- außerhalb der erweiterten Toleranz: 0 Punkte

Erfassung und Auswertung erfolgen vollautomatisch durch den Rechner (ERP-System). Alle Einzelinformationen sind und bleiben verfügbar. Ein Mehraufwand für Erfassung und Auswertung ist nicht gegeben.

Aus den Einzelbewertungen wird eine Summe gebildet. Diese wird durch die Anzahl der Einzelbewertungen dividiert. Das Ergebnis ist die Bewertungszahl für das Teilkriterium Liefertreue. Das Bewertungsergebnis fließt anteilig in die Bewertungszahl für das Hauptkriterium „Lieferung" ein.

Andere Teilkriterien entziehen sich einer quantitativen Beurteilung (Messung). Sie sind daher einzuschätzen.

Kosten:
Die Bewertung der Teilkriterien erfolgt durch die verantwortlichen Mitarbeiter auf der Basis eines Bewertungstableaus mindestens einmal jährlich. Die Bewertungsergebnisse fließen anteilig in die Bewertung des Hauptkriteriums ein. Das Teilkriterium „Total Cost" wird hierbei besonders hoch bewertet. Damit wird die Bedeutung der Mitwirkung von Lieferanten an gemeinsamen Kostensenkungsmaßnahmen besonders gewürdigt. Tragen doch besonders solche Maßnahmen nachhaltig zur Kostensenkung bei.

Allgemein:
Die Teilkriterien dieses Hauptkriteriums sind ausnahmslos mithilfe des Bewertungstableaus einzuschätzen. Auf welche Weise sollte sonst die Bewertung des Lieferanten Know-Hows erfolgen? Eine objektive Messung erscheint nicht möglich. Andererseits ist ausgeprägtes Lieferanten Know-How (z. B. als Technologieführer) als Basis für eine strategische Partnerschaft eine unverzichtbare Voraussetzung. Es ist trotz der Bewertungsproblematik einzuschätzen, ob und inwieweit der zu beurteilende Lieferant diese Anforderung erfüllt.

Für die zu bewertenden Lieferanten sollte die Bewertung einmal jährlich durchgeführt und im Laufe des ersten Quartals des Folgejahrs mit den Lieferanten kommuniziert werden. Es hat sich jedoch herausgestellt, dass eine vierteljährliche Bewertung Sinn macht. So kann zeitnah auf Veränderungen reagiert werden. Verschlechterung kann frühzeitig entgegengewirkt werden; Verbesserungen werden stabilisiert und – wenn die Möglichkeit dazu gegeben ist – weiter ausgebaut.

Die Information an die Lieferanten hat schriftlich zu erfolgen. Nach Möglichkeit sollen die Ergebnisse in einem persönlichen Gespräch diskutiert werden.

4.5 Konsequenzen aus der Bewertung

Die Bewertung der wichtigen Lieferanten soll der permanenten Verbesserung dienen. Sie ist also auf die Erzielung bestimmter Erkenntnisse ausgerichtet, die Folgen zeigen sollen. Der Leistungsbeitrag der Lieferanten soll in der Summe verbessert werden. Dazu gehört die Verbesserung der Leistungen der einzelnen Lieferanten ebenso wie die Trennung von „Unverbesserlichen".

So genießt die Betrachtung der Lieferanten am unteren Leistungsspektrum besondere Bedeutung. Die Sperrung von Lieferanten greift bei

- weniger als 50 Punkten in einem Hauptkriterium,
- weniger als 75 Punkten in der Gesamtbewertung.

Genau betrachtet wird der betroffene Lieferant nicht gesperrt, er sperrt sich selbst durch unzureichende Leistung. Sofern bei einem „betroffenen" Lieferanten hinreichendes Verbesserungspotenzial gesehen wird, kann die Sperrung ausgesetzt werden. Diese Maßnahme setzt jedoch die Erstellung und Vereinbarung eines Verbesserungsplans voraus, der konkrete, zeitlich und quantitativ messbare Ergebnisse vorsieht.

Es hat sich gezeigt, dass die klare Ansprache von Defiziten und die spätestens nach Ablauf einer bestimmten Frist hierauf folgenden Maßnahmen in der Regel zu den gewünschten Ergebnissen führen. Einzelne Lieferanten wechseln nach einer derartigen Schockwirkung vom Schlusslicht nahezu an die Spitze der Tabelle.

Unverbesserliche Lieferanten sind durch geeignete Maßnahmen aus dem Lieferanten-Spektrum auszuschließen.

Im Gegensatz dazu ist es Teil einer zielführenden Lieferantenpolitik, Lieferanten, die überdurchschnittliche Leistungen erbracht haben, zu fördern. Ohne Zweifel ist in diesem Fall der Ausbau der Geschäftsbeziehungen eine sinnvolle Strategie. Allerdings stößt diese bei einer 100 %igen Konzentration des Bedarfs auf „ein und denselben" Lieferanten an natürliche Grenzen.

Wertschätzung spiegelt sich jedoch nicht nur in Umsätzen wider. Eine ansprechende Möglichkeit, diese zu zeigen, ist die Auszeichnung von „Lieferanten des Jahres". Dieses Instrument, das in zunehmendem Maße von Unternehmen eingesetzt wird, ist fast so alt wie das Lieferantenbewertungssystem selbst. Es wird von allen Beteiligten als bewährte und fortzuführende Methode der Anerkennung angesehen.

Als Regulativ für die Bestimmung der Spitzenlieferanten wurde im Rahmen des zugrunde liegenden Hundert-Punkte-Verfahrens eine Mindestpunktzahl von 95 Punkten festgelegt. Diese Klassifizierungsgrenze wurde stets von einer Anzahl von Lieferanten (in den letzten Jahren von 12 Lieferanten) erreicht, so dass sie als „Lieferanten des Jahres" geehrt und ausgezeichnet werden konnten. Im Rahmen einer Feierstunde wurde die Urkunde überreicht.

Einige Lieferanten können bereits auf eine „Trophäen-Sammlung" verweisen. Aber auch diese müssen sich jedes Jahr aufs Neue bewähren.

Häufig wird die Ansicht geäußert, ein prämierter Lieferant ließe vielleicht in seinen Bemühungen nach. Die gemachten Erfahrungen widersprechen dieser Ansicht. Gerade diese Lieferanten tun ihr Bestes, im Folgejahr wieder dabei zu sein, wenn die Auszeichnungen übergeben werden.

4.6 Resümee

Das Lieferantenbewertungssystem folgt dem Grundsatz „Keep it Simple". Es hat sich als anwenderfreundlich erwiesen. Die Bewertungsergebnisse werden im Allgemeinen von den in das Lieferantenbewertungssystem einbezogenen Lieferanten als gerecht empfunden und daher akzeptiert.

In der Anfangsphase gab es Diskussionen über die Gleichbehandlung der einbezogenen Lieferanten. Kann und darf man einen Stahlhändler den gleichen Kriterien unterwerfen wie eine Gießerei? Müssen für Service-Unternehmen nicht völlig andere Kriterien gelten?

Manches braucht seine Zeit. Inzwischen haben leistungsfähige Gießereien manchen Stahlhändler ausgestochen. Auch Serviceunternehmen akzeptieren Qualitäts- und Terminkriterien. Die Gleichbehandlung hat positive Impulse gegeben und gerade bei den scheinbar Benachteiligten Kräfte freigesetzt.

> Obwohl im Laufe der Zeit Kriterien verschärft und zulässige Toleranzen eingeschränkt wurden, weist die durchschnittliche Leistung der Lieferanten ständige Verbesserung auf.

Die Messung dieser Leistung, die kontinuierliche Lieferantenbewertung, hat den Charakter eines Controllings angenommen, in das nicht nur die Bewerteten (= Lieferanten), sondern auch die Bewertenden (strategischen Einkäufer) einbezogen sind. Aus der gegebenen Situation werden Ziele abgeleitet, die vereinbart und deren Einhaltung regelmäßig überwacht wird.

> Verbesserungen ergeben sich nicht zufällig. Zumindest dürfen sie nicht dem Zufall überlassen werden. Es ist vielmehr notwendig, sie einem gezielten Controlling zu unterziehen. Dies gilt auch für die Lieferantenbewertung.[37]

---

37) Die Controllingmöglichkeiten im Rahmen der Lieferantenbewertung sind vom Verf. ausführlich verzeichnet in Einkaufscontrolling – Tipps und Tools für den Erfolg, a. a. O. – Siehe auch H. Hartmann, Lieferantenmanagement, a. a. O., S. 93 ff.

5. Zweite Fallstudie:

Nachhaltige Lieferantenbewertung als Grundlage des Lieferantenmanagements bei der WITTENSTEIN AG (WAG)[*]

Nina Kössel

5.1 Das Unternehmen

Die WITTENSTEIN AG entwickelt, produziert und vertreibt Produkte, die überall dort zu finden sind, wo äußerst präzise angetrieben, gesteuert und geregelt werden muss. Hier sind vor allem hoch entwickelte Planetengetriebe, komplette elektromechanische Antriebssysteme sowie AC-Servosysteme und -motoren zu nennen. Diese Produkte finden ihren Einsatz vor allem in Robotern, Werkzeugmaschinen, in der Verpackungsindustrie, Förder- und Verfahrenstechnik, Papier- und Druckmaschinen, in der Medizintechnik sowie in der Luft- und Raumfahrt.[38]

Die WITTENSTEIN AG ist im Jahre 2001 durch die Umwandlung der bis dahin existierenden WITTENSTEIN GmbH & Co KG entstanden. Sie hat zur Aufgabe, die WITTENSTEIN Gruppe strategisch zu führen, zu unterstützen und zu kontrollieren. Im Vergleich mit anderen Unternehmen hat die WITTENSTEIN AG unter anderem mit der Investition von 10 % des Umsatzes in Forschung und Entwicklung und einer Ausbildungsquote von 10 % die Auszeichnungen: „Bester Arbeitgeber des deutschen Mittelstandes" im Jahre 2003 und: „Innovativstes Unternehmen des deutschen Mittelstandes" 2002 eingebracht. Das seit 1949 existierende Unternehmen setzt sich aus 11 Tochterunternehmen, 10 Enkelunternehmen und 50 Vertretungen in 35 verschiedenen Ländern zusammen.

5.2 Aufbau des Lieferantenmanagements bei der WAG

Um 100 % der Wertschöpfung optimal auszugestalten, d. h. auch den Anteil der externen Wertschöpfung, bedarf es einer engen Abstimmung mit den Lieferanten und einer konzentrierten und effizienten Steuerung der Geschäfts- und Lieferperformance.

---

[*] Das eigenentwickelte Lieferantenbewertungssystem konnte auch nach Umstellung des ERP Systems in den Jahren 2015/2016, weiter erfolgreich umgesetzt werden. Es bietet damit unverändert die Grundlage für die erfolgreiche Umsetzung zielführender Strategien und Maßnahmen des Einkaufs.

[38] Vgl. Wittenstein AG Homepage

Wichtige Säulen des Lieferantenmanagements bei der WITTENSTEIN AG sind daher eine sorgfältige Vorauswahl und Qualifizierung neuer Geschäftspartner – diesem Zweck dient u. a. die Lieferantenselbstbewertung (vgl. Abbildung 43 im Anhang) – sowie eine durchgängige Lieferantenbewertung mit darauf aufbauenden Entwicklungsmaßnahmen. Die Homepage des Unternehmens informiert über den Lieferantenauswahlprozess, der von der Vorauswahl über mehrere Stufen bis zur Aufnahme in die Liste „qualifizierter Lieferanten" reicht (vgl. Abbildung 33).

Prozess Lieferantenauswahl

1. Lieferantenvorauswahl (hinsichtlich Technologie, Qualität, Branchenzulassungen)

2. Geheimhaltungserklärung + Lieferantenselbstbewertung

3. Anfrage / Angebotsabgabe Lieferant / Auswertung Angebote

4. Lieferantenselektion + Verhandlungen mit den TOP 3

5. Durchführung von Audits (System + Produkt)

6. Abschluss Verhandlungen + Entscheidung für einen Lieferanten

7. Aufnahme in die Liste Qualifizierter Lieferanten (LQL)

Abbildung 33:   Der Lieferantenauswahlprozess

Das Ergebnis der Lieferantenbewertung entscheidet mittel- und langfristig über die Intensität und den Umfang (das Einkaufsvolumen) der Zusammenarbeit mit einem Lieferanten, d. h. Grundlage für die verschiedenartigen Mechanismen zur Steuerung der Kunden-Lieferantenbeziehungen (vgl. Abbildung 34) sind die aus Abbildung 35 ersichtlichen Bewertungsklassen:

- Lieferanten mit einer Gesamtnote von 1,5 oder besser werden als Vorzugslieferanten mit Neuaufträgen in erster Priorität bedient. Strategisch wichtige Lieferanten in diesem Bereich werden als Wertschöpfungspartner bezeichnet. Mit diesen Lieferanten werden gemeinsam strategische Entscheidungen – auch verteilte Investitionen in der Wertschöpfungskette forciert, gemeinsame Entwicklungen durchgeführt und zusätzliche Produktivitätssteigerungen durch abgestimmte Prozesse gehoben. Trotz der guten Performance werden eine weitere Nachverfolgung und ein Monitoring der einzelnen Kennzahlen und stetige Verbesserungsmaßnahmen seitens der Partner gefordert um den Standard dauerhaft zu halten. Die jährliche Verleihung des Supplier-Awards für die beste Lieferantenleistung ruht neben der subjektiven Bewertung der Zusammenarbeit auch maßgeblich auf den Ergebnissen der Lieferantenbewertung.

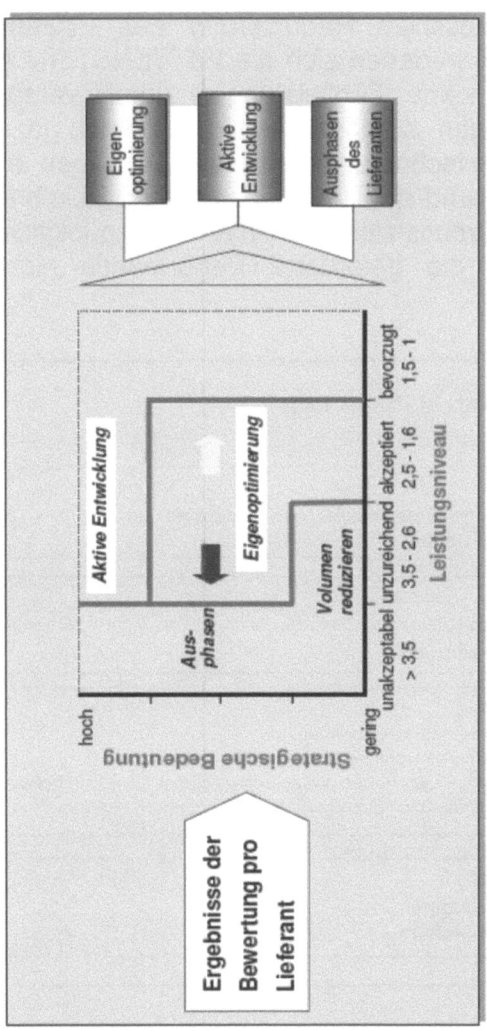

Abbildung 34: Steuerungsmechanismen der Lieferantenbewertung

- Lieferanten, die sich in einer Bewertungsklasse zwischen 1,6 und 2,5 befinden, gelten zwar als „akzeptiert" (vgl. Abbildung 35), werden jedoch unter dem Fokus der Eigenoptimierung unter Beobachtung gestellt. Sie erhalten die Chance, sich durch eigen initiierte Entwicklungsmaßnahmen in die Kategorie der Vorzugslieferanten zu bewegen, was wiederum mit einer möglichen Erhöhung des Einkaufsvolumens einhergehen kann. Sollte sich die Entwicklung allerdings längerfristig in die andere, negative, Richtung bewegen, so greifen die Maßnahmen der Bewertungsgrenze ab 2,6 und schlechter.

- Eine Lieferantenbewertung jenseits dieser Stufe, also schlechter 3,5, geht mit einer sukzessiven Reduzierung des Einkaufsvolumens einher. Die Branchen, in denen sich die WITTENSTEIN AG bewegt, verzeiht auf Dauer keine Fehlleistungen durch verzögerte oder mangelhafte Lieferungen, so dass das Unternehmen gezwungen ist, hier auch in der Wertschöpfungskette die Sicherheit einer zuverlässigen, pünktlichen und qualitativ einwandfreien Lieferkette sicher zu stellen. Langfristig muss sich das Unternehmen folglich von Lieferanten trennen, die die geforderte Performance nicht anbieten können.

Leistungsniveau und Maßnahmen

Leistungsniveau (Gesamtnote)		Maßnahmen
	1 – 1,5	**bevorzugt** Wertschöpfungspartnerschaften auf- / ausbauen Lieferanteil ausweiten
	1,6 – 2,5	**akzeptiert** Leistung muss teilweise verbessert werden durch Eigenoptimierung, ggf. mit Unterstützung
	2,6 – 3,5	**unzureichend** Leistungsniveau dringend verbessern durchgreifende Eigenoptimierung einleiten bei strategischen Lieferanten aktive Lieferantenentwicklung betreiben bei geringer strategischer Bedeutung Liefervolumen reduzieren
	> 3,5	**unakzeptabel** Lieferanteil reduzieren Substitution einleiten

Abbildung 35: Bewertungsklassen der Lieferantenbewertung

5.3 Tools der Lieferantenbewertung

5.3.1 Die halbjährliche Lieferantenbewertung

Zur mittel- und langfristigen Steuerung des Lieferantenportfolios – wie bereits erwähnt – wird das Instrument der Lieferantenbewertung genutzt. Diese Bewertung wird zweimal pro Jahr durchgeführt und an die Lieferanten und Wertschöpfungspartner zur Stellungnahme übermittelt. Daher werden die Bewertungsergebnisse detailliert offen gelegt, d. h. die Einzelnoten und die Gesamtnoten (vgl. Abbildung 42 im Anhang).

Der zu realisierende Zielerreichungsgrad und die Bemessungsgrundlage werden vorab an alle neu akquirierten Lieferanten kommuniziert, so dass es keine Zweifel über die erwarteten Aktionen gegenüber dem Lieferanten bei Abweichungen vom Zielerreichungsgrad gibt. So sind beispielsweise unaufgefordert Maßnahmenpläne zur Beseitigung der Abweichungen zu verfolgen sowie konsequent Zwischenerfolge an die WITTENSTEIN AG zu melden.

Die Durchführung der Lieferantenbewertung erfolgt in fünf Stufen (vgl. Abbildung 36):

Durchführung der Lieferantenbewertung

1. Auswahl der Lieferanten
2. Erhebung der Hardfacts
3. Bewertung der Softfacts
4. Vergabe der Gesamtnote
5. Analyse der Ergebnisse und Versand an die Lieferanten

Abbildung 36: Der Lieferantenbewertungsprozess

Erste Stufe:
Die Vorauswahl erfolgt aus dem Portfolio der in diesem Zeitraum liefernden Produktivmaterial-Lieferanten. Hierbei werden gemäß einer ABC-Analyse die Top 50 Lieferanten pro Einkaufsvolumen ausgewählt. Ergänzt wird diese Selektion um die strategisch wichtigen Lieferanten, die ansonsten durch das Raster der ABC-Analyse fallen würden. Das Ergebnis der Auswahl bildet eine Liste zu bewertender Lieferanten für den Zeitraum eines halben Jahres.

Zweite Stufe:
Im zweiten Schritt werden die im ERP System generierten und zur Verfügung stehenden operativen Vorgangsdaten zentral erhoben. Als Beispiel dafür ist die Auswertung der Wareneingänge zur Messung der Liefer- und Mengentreue zu nennen.

> Die Relevanz der Bewertungsergebnisse wird vom jeweils zuständigen Mitarbeiter des strategischen Einkaufs überprüft. Das gilt insbesondere auch für die Anzahl der zugrunde liegenden Anzahl von Wareneingängen.

Die Liefer- und Mengentreue stellen die sogenannten „Hard Facts" dar. Es handelt sich hierbei um quantitativ messbare Faktoren der Lieferbeziehung.

Dritte Stufe:
In der nächsten Stufe wird die Lieferantenbewertung an die jeweils zuständigen strategischen Einkäufer weitergeleitet, die dazu aufgefordert werden, ihre Wahrnehmungen bezüglich der definierten weichen Faktoren („Soft Facts") der Zusammenarbeit mit dem Lieferanten zu bewerten. Diese beruhen zum Teil auf subjektiven Wahrnehmungen, aber auch auf Analysen vorliegender Jahresabschlussberichte oder zur Verfügung gestellter Finanzbewertungen und -berichte und stellen damit qualitative Faktoren der Lieferanten-Kundenbeziehung dar.

Vierte Stufe:
Nach Beendigung des Bewertungsdurchlaufs wird die Gesamtnote pro Lieferant vergeben. Der unterschiedlichen Validität der einzelnen Bewertungskriterien von Hard Facts und Soft Facts wird durch eine relativierte Gewichtung der Einzelkriterien Rechnung getragen. Bewertungsneutrale Kriterien wie Liefertreue, Mengentreue, Durchlaufzeit und Qualitätswertzahl erhalten hierbei mit etwa 70 % ein erheblich höheres Gewicht als möglicherweise eher subjektiv angelehnte Kriterien wie das Preisniveau, der Servicelevel oder die Innovationsfähigkeit des Liefe-

ranten. Mit anderen Worten: In die halbjährlich erstellte Lieferantenbewertung fließen die Bewertungsergebnisse der Hard Facts mit 70 % und die der Soft Facts mit 30 % ein, d.h es besteht eine Gewichtsverteilung von 70 % zu 30 %.

Bewertungs-Kriterien

Hard-Facts

messbar

| Dokumentation | Termintreue |
| Mengentreue | Qualitätswertzahl |

Soft Facts

nicht oder sehr schwer messbar

Preisentwicklung	Innovation
Preisniveau	Bonität
Service	Lieferfristen

Abbildung 37: Kriterien der Lieferantenbewertung

Fünfte Stufe:
Die Analyse und Beurteilung der Bewertungsergebnisse, die Stärken und Schwächen eines Lieferanten erkennbar macht, wird durch die jeweiligen Einkaufsverantwortlichen und Materialgruppenmanager durchgeführt, während der Versand der Bewertungstableaus durch eine zentrale Stelle erfolgt (vgl. Abbildung 42 im Anhang).

5.3.1.1. Die zugrunde gelegten Kriterien

Die im Standard fest geschriebenen Bewertungskriterien (vgl. Abbildung 37) werden in Abhängigkeit von der Art ihrer Messbarkeit bzw. Einschätzung in „Hard Facts" und „Soft Facts" unterschieden. Eine weitergehende Differenzierung ist nicht vorgesehen, so dass es sich um ein in der Einkaufspraxis typisches Mischsystem handelt und somit die ermittelte Gesamtnote insbesondere bei Negativentwicklungen eine eingehende Ursachenanalyse, d. h. eine Analyse der Einzelergebnisse erforderlich macht. Darüber hinaus stellt das unter Ziffer 5.3.2 beschriebene Lieferantencockpit ein permanentes Lieferantencontrolling sicher.

Im Hinblick auf die „Hard Facts" sind im Standard die nachstehend kurz skizzierten Bewertungs- und Verarbeitungsregeln festgeschrieben:

- Termintreue (Liefertreue)
  Grad der Pünktlichkeit einer Lieferung; im Rahmen der Lieferantenbewertung entstehen nur bei zu spät eingetroffenen Lieferungen Terminabweichungen. Dabei liegt – wie aus Abbildung 42 im Anhang ersichtlich ist – der Skalierung bzw. Klassifizierung von eins bis sechs folgende Bewertungssystematik zugrunde:

Klasse	Erfüllungsgrad	Note
1	pünktlich	sehr gut (1)
2	Verzug – 1 Tag	gut (2)
3	Verzug – 2-3 Tage	befriedigend (3)
4	Verzug – 4-5 Tage	ausreichend (4)
5	Verzug – 6-10 Tage	mangelhaft (5)
6	Verzug – mehr als 10 Tage	ungenügend (6)

Messpunkt: Wareneingang

- Mengentreue
  Verhältnis von Anzahl gelieferter Teile zu Anzahl der bestellten Teile; eine Unter- oder Überschreitung der Mengentreue bedeutet eine Abweichung von der bestellten Menge; Unter- oder Überschreitung sind demnach definiert als das Verhältnis von fehlender bzw. überzähliger Stückzahl zu bestellter Stückzahl. Auf dieser Basis sind die Bewertungsregeln – vgl. auch Abbildung 41 im Anhang – wie folgt definiert:

Klasse	Erfüllungsgrad	Note
1	100 %	sehr gut (1)
2	Unter- / Überschreitung bis < 1 %	gut (2)
3	Unter- / Überschreitung 1 % bis < 3 %	befriedigend (3)
4	Unter- / Überschreitung 3 % bis < 5 %	ausreichend (4)
5	Unter- / Überschreitung 5 % bis < 10 %	mangelhaft (5)
6	Unter- / Überschreitung 10 % und mehr	ungenügend (6)

Messpunkt: Wareneingang

- Dokumentation

  Alle Unterlagen, die Bestandteil der Lieferung sind, z. B. Lieferschein, Erstmusterprüfbericht, Anleitungen etc.

Messpunkt: Wareneingang

- Qualitätswertzahl

  Zahl, um die Anzahl der Gutteile einer Lieferung darzustellen, unter Berücksichtigung der Gewichtungen der unterschiedlichen Fehlerarten; die Qualitätswertzahl berechnet sich nach einer vom VDA entwickelten Formel

Messpunkt: Qualitätskontrolle

- Innovationsniveau

- Bonität

5.3.1.2. Die „Soft Facts" – Kennzahlen

Für die Bewertung der definierten „Soft Facts" gelten folgende Regelungen (vgl. Abbildung 42 im Anhang):

- Lieferfrist
  Lieferzeit, d. h. zeitliche Differenz zwischen Bestelldatum und Wareneingangsdatum, entspricht der Durchlaufzeit
  Ausnahme: obwohl grundsätzlich messbar, wird die Lieferfrist nach Einschätzung des zuständigen Einkäufers bewertet;
  Bandbreite: sehr kurz (1) bis sehr lang (6)

- Bonität
  Finanzkraft, Ruf des Lieferanten bzgl. seiner Zahlungsfähigkeit

- Innovationsniveau
  Art und Häufigkeit von technischen Neuerungen und Produktentwicklungen

- Service
  Leistungen, die neben der eigentlichen Lieferung angeboten werden, z. B. Ansprechpartner, Hotline, Beratungen etc.

- Preisentwicklung
  zeitliche Veränderung des Preises von Lieferungen und Leistungen

- Preisniveau
  Höhe des Preises von Lieferungen und Leistungen im Vergleich zu Mitbewerbern

Messpunkt: Zuständigkeitsregelung

5.3.1.3. Die Gewichtung der Bewertungskriterien

Die nachfolgende Abbildung 38 gibt einen detaillierten Überblick über die Gewichtung der Einzelkriterien.

Bewertungskriterien und Ihre Gewichtung			
Bewertungskriterien	Gewichte der Kriteriengruppen (%)	Gewichte der Einzelkriterien (%)	Gesamtgewichte (%)
Qualität	35		
- Qualitätswert		60	21
- Dokumentation		40	14
Summe		100	
Logistik	35		
- Mengentreue		35	12,25
- Lieferfrist		30	10,5
- Termintreue		35	12,25
Summe		100	
Preis	20		
- Preisentwicklung		50	10
- Preisniveau		50	10
Summe		100	
Unternehmen	10		
- Service		30	3
- Innovationsniveau		40	4
- Bonität		30	3
Summe	100	100	100

Abbildung 38: Die Gewichtung der Bewertungskriterien

5.3.1.4. Von der Individualbeurteilung zum Beurteilungsteam

Bislang beruht die Bewertung der „Soft Facts" ausschließlich auf den Erfahrungen und Angaben der zuständigen Einkäufer. Dies bildet einen wichtigen Aspekt der Zusammenarbeit, ist aber aus prozessualer Sicht nicht vollständig.

Neben der wirtschaftlichen und operativen Bestellabwicklung gibt es noch weitere Facetten der Kunden-Lieferantenbeziehung, die einer Beurteilung weiterer Bereiche bedarf.

So sollte der Bereich des Qualitätsmanagements in die Bewertung integriert werden. Durch die bestehende Lieferantenbewertung kann keine umfassende Bewertung des qualitativen Potenzials des Lieferanten erfolgen, da nicht alle Aspekte und Probleme der Leistungsfähigkeit eines Lieferanten in die Bewertung einfließen.

Technische Büros und die Grundlagenentwicklung stellen für die Bewertung ebenfalls relevante Bereiche dar. In innovativen Unternehmen hängt eine erfolgreiche Entwicklungsstrategie maßgeblich von der Entwicklungsunterstützung der Wertschöpfungspartner ab. Es erfolgt hier also auch eine Zusammenarbeit außerhalb des Einkaufsbereichs, die einer Bewertung bedarf und die grundlegend anders ausfallen kann.

> Mit der Integration des Qualitätsmanagements und der technischen Bereiche ist eine erheblich verbesserte Akzeptanz der Bewertungsergebnisse zu erwarten.

Aus diesem Grund wird in der Zukunft an der Umsetzung einer solchen integrierten Lösung gearbeitet.

5.3.2 Das Lieferantencockpit

Eine halbjährliche Lieferantenbewertung reicht zur erfolgreichen Steuerung der Lieferbeziehung aber nicht aus.

Bei anhaltenden bzw. schleichenden Abwärtstendenzen wäre es sogar fahrlässig, erst am Ende der Bewertungsperiode ein Controllinginstrument einzusetzen, das diese Probleme aufzeigt. Zu diesem Zeitpunkt ist ein Schaden möglicherweise schon entstanden bzw. die Spur zur Problemstellung kaum noch nachweisbar und umso schwerfälliger behebbar.

Die WITTENSTEIN AG hat aus diesem Grunde das sogenannte Lieferantencockpit eingeführt (vergleiche Abbildung 39).

Monatlicher Kennzahlenreport

Die monatlichen Kennzahlen dienen als Steuerungsgrößen im Sinne eines Frühwarnsystems, um Fehlentwicklungen rechtzeitig zu erfassen und Gegenmaßnahmen einzuleiten.

Mengentreue, Liefertreue		
< 80	rot	
< 90 und ≥ 80	gelb	
≥ 90	Grün	

Erwartungen seitens der WITTENSTEIN AG:
Eigenverantwortliches Monitoring der Kennzahlen durch die Partner, sowie rechtzeitige Einleitung von Verbesserungsmaßnahmen bei kritischen Kenngrößen (ab Phase gelb)

Reklamationsquote		
> 4.000	rot	
> 2.000 u. ≤ 4.000	gelb	
≤ 2000	grün	

Abbildung 39: Das Lieferantencockpit als Instrument zum monatlichen Soll-Ist-Abgleich

Hierbei werden monatlich die wichtigsten operativen Kenngrößen pro Lieferant systemgestützt (ERP) erhoben und von den zuständigen Einkäufern ausgewertet. Auf diese Weise werden Abweichungen vom Zielwert schnell sichtbar.

5.3.2.1. Im Cockpit werden nachfolgende Kennzahlen geführt und deren Entwicklung in gewisser Weise überwacht:

1. Ist-Liefertreue in % im Verhältnis zur Plan-Liefertreue in % inkl. der ø-Liefertreue der Vormonate in %
2. Ist-Mengentreue in % im Verhältnis zur Plan-Mengentreue in % inkl. der ø-Mengentreue der Vormonate in %
3. Ist-Reklamationsquote in ppm im Verhältnis zur Plan-Reklamationsquote in ppm
4. Ist-Lieferzeit in Arbeitstagen im Verhältnis zur Plan-Lieferzeit in Arbeitstagen
5. Umsatz im Verhältnis zum Plan-Umsatz
6. Stückzahlen im Verhältnis zu den Plan-Stückzahlen

Weicht ein Lieferant zweimal in Folge in einem bewerteten Bereich (außer der Qualitätswertzahl) vom Zielwert ab, erfolgt ein Klärungsgespräch mit dem Lieferanten mit Maßnahmenplänen seitens des Lieferanten zur Abweichungsbehebung. Im Bereich der Qualitätswertzahl erfolgt aufgrund der Kritikalität von Qualitätsproblemen eine Maßnahmenverfolgung bereits bei der ersten Abweichung.

Bei der dritten Abweichung in Folge kommt es zu einem außerordentlichen Lieferantenaudit, das den Problemstellungen genauer auf den Grund gehen soll.

Zusammenfassend kann festgestellt werden:

- Mit diesen Werkzeugen zur Lieferantenbewertung – die Lieferantenbewertung und das dynamische Lieferantencockpit – hat es die WITTENSTEIN AG erfolgreich geschafft, das Lieferantenportfolio zu optimieren und die Erfolgsfaktoren des Unternehmens in die Wertschöpfungskette zu übertragen.

- Die Steuerung der Lieferantenentwicklung beruht in hohem Maße auf diesen Werkzeugen. Die Akzeptanz der Lieferanten für Verbesserungsmaßnahmen konnte dadurch ebenfalls nachhaltig gesteigert werden.

5.3.3 Ausblick – Einführung eines Risikomanagements als Ergänzung der Lieferantenbewertung

5.3.3.1. Das Risikomanagementsystem im Überblick

Im Rahmen eines zielorientierten Risikomanagements[39] ist nach der Risikoidentifikation eine Analyse der erkannten Risiken durchzuführen. Dabei befasst man sich mit der Ergründung möglicher Ursachen und der Bewertung der in Betracht zu ziehenden Risiken.

Ziel und Nutzen der Risikoanalyse ist die Erfüllung der gesetzlichen Anforderungen, die Beherrschung der Chancen und Risiken und eine zielorientierte, schlanke Gestaltung des Risikomanagementprozesses.

---

39) Vergl. vom Verf., Modernes Einkaufsmanagement, a. a. O., S. 90 ff.

Zu den Risiken in der Beschaffung zählen z. B.:

- Bedarfsdeckungsrisiken
- Lieferrisiken
- Transportrisiken
- Lagerrisiken und
- Entsorgungsrisiken

Zu den allgemeinen unternehmerischen Risiken lassen sich nachfolgende Regelungen und finanzielle Lage des Lieferanten sowie bestehender bzw. fehlender Versicherungsschutz zählen.

Um die Risiken zu bewerten, ist es erforderlich, eine Methodik zu finden bzw. einen Maßstab zu setzen, an Hand dessen Risiken vergleichbar gemacht werden können. Eine Möglichkeit der Bewertung von Risiken ist die Einstufung dieser in einer Skala von „Eins" bis „Fünf".

Im Rahmen des gesamt Konzepts wird darüber hinaus festgeschrieben, wie Risiken zu handhaben und zu überwachen sind. Im Wesentlichen geht es dabei um die Frage, welche Maßnahmen in die Wege zu leiten sind, um einen Schadensfall zu verhindern oder Auswirkungen für die WITTENSTEIN AG abzumildern.

5.3.3.2. Auswahl risikopolitischer Instrumente

Um Risiken zu verringern und vorzubeugen, will der Bereich des Produktions- und Logistikmanagements der WITTENSTEIN AG, Risikomanagement im Bereich Beschaffung einführen und umsetzen. Zur besseren Erfassung und Bewertung der Risiken soll eine Checkliste entwickelt werden, die den Lieferanten zugesendet wird.

Um einen Mix aus verschiedenen risikopolitischen Instrumenten zu erlangen, besteht die Möglichkeit, die Ergebnisse aus der Risikoumfrage in einer Grafik darzustellen. Ein Beispiel für eine derartige Grafik ist in der Portfolioanalyse zu sehen.

5.4 Der Fragebogen als Grundlage der Risikobewertung

Der Fragebogen soll die Risiken aufgreifen und systematisch abfragen. Es soll geprüft werden,

> wie konsequent den Risiken im Betrieb des Lieferanten Rechnung getragen wird, um die Eintrittswahrscheinlichkeit des jeweiligen Risikos so gering wie möglich zu halten.

Auf diese Weise soll möglichst realistisch eingeschätzt werden, wie hoch das Risiko ist, das vom Lieferanten ausgeht und auf das eigene Unternehmen übertragen werden kann. Die Abfrage soll durch Zahlen- und Textangaben sowie Multiple Choice realisiert werden.

Der Fragebogen besteht aus zwei separaten Teilen. Ein Teil wird dem Wertschöpfungspartner zugesendet und von diesem ausgefüllt, der andere Teil wird intern bewertet. Die Angaben des internen Teils können auf Datenbankwerten oder subjektiven Einschätzungen beruhen. Durch den Fragebogen sollen potenzielle Risiken besser eingeschätzt werden können.

5.5 Der Bewertungsprozess

Um das Gesamtrisiko der in die Bewertung einzubeziehenden Lieferanten einschätzen zu können, werden die Angaben aus den internen und externen Teilen des Fragebogens zusammengefasst. Die Bewertung erfolgt durch die WITTENSTEIN AG. Der dabei verwendete Bewertungsbogen hat für jedes Einzelrisiko Bewertungsmöglichkeiten von „Eins" bis „Fünf". Die Bedeutung der Zahlenwerte ist wie folgt:

- Eins → Unbedeutend
- Zwei → Gering
- Drei → Mittel
- Vier → Hoch
- Fünf → Existenzgefährdend

Im Vorfeld wird für jedes Einzelrisiko definiert, welche Antwort welche Bewertung nach sich zieht. Dabei ist eine „Drei" gerade noch akzeptabel. Die „Drei" wird als Grenzlinie angesehen. Kreuze links der Grenzlinie sind unkritisch, Kreuze rechts der Grenzlinie sind kritisch. Bei zu vielen Kreuzen im kritischen Bereich sollten Maßnahmen eingeleitet werden, ebenso bei wenigen, jedoch sehr kritischen Kreuzen rechts der Grenzlinie.

Das Schema kann in der nachfolgenden Abbildung 40 nachvollzogen werden. Um die Bewertung grafisch übersichtlicher darzustellen, werden die Farben grün – unkritischer Bereich –, gelb – Alarmbereitschaft – und rot – Alarmstufe – eingesetzt.

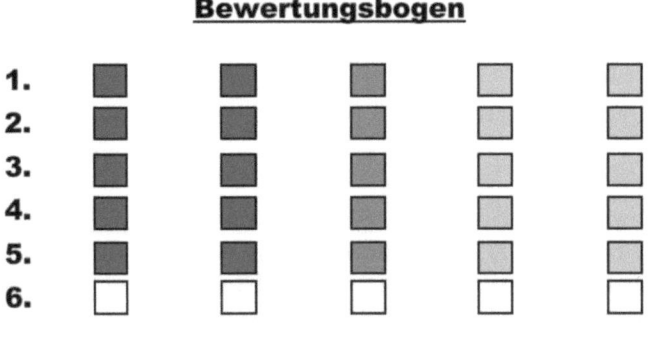

Abbildung 40: Bewertungsbogen als Instrument zur Erfassung und Bewertung der Einzelrisiken (Praxisbeispiel)

Um die Vergleichbarkeit der ausgewerteten Fragebögen zu gewährleisten, ist es erforderlich, im Vorfeld die Bewertungskriterien festzulegen. Es muss eine Antwort auf die Fragestellung gefunden werden, wann eine „Eins" und wann eine „Fünf" vergeben wird.

So werden sich beispielsweise die Antworten zu den Fragen nach Kooperationsbereitschaft oder Zuverlässigkeit nicht in konkrete Werte fassen lassen, sondern zu einem Großteil auf subjektiven Einschätzungen beruhen. Ungleichwohl ein Höchstmaß an vergleichbarer und damit gerechter Bewertung zu erzielen, sind für solche Fälle nachprüfbare Messgrößen zu definieren. So kann z. B. das Maschinenalter und in Abhängigkeit davon die Skalierung auf der Basis des zugrunde liegenden Notensystems bestimmt werden. Das Risiko bei einem durchschnittlichen Maschinenalter von unter drei Jahren ist als unbedeutend (Note „Eins"), das bei einem Maschinenalter von drei bis vier Jahren als gering (Note „Zwei"), bei fünf bis sechs Jahren als mittel (Note „Drei"), bei sieben bis neun Jahren als hoch (Note „Vier") und das bei über neun Jahren als existenzgefährdend (Note „Fünf") anzusehen. Je älter die Maschine, desto höher das Ausfallrisiko und die Lieferunfähigkeit des Lieferanten.

5.6 Risikopolitische Maßnahmen

Wie sind die Risiken zu handhaben? Welche risikopolitischen Maßnahmen können in Betracht gezogen werden? Grundsätzlich lassen sich diese in

- ursachen- und
- wirkungsbezogene

Maßnahmen unterteilen.

Ursachen von Risiken können schon im Voraus durch bestimmte Maßnahmen minimiert bzw. es kann den Risiken durch vorbeugende Maßnahmen entgegengewirkt werden.

Möglichkeiten für die Ursachenbekämpfung im Voraus sind die Risikoverlagerung und die Verringerung der Eintrittswahrscheinlichkeit. Zur Risikoverlagerung zählen Lieferantenwechsel, Wechsel des Transportmittels oder die Selbsterstellung eines Rohstoffes. Die sorgfältige Auswahl des Lieferanten, Eigenproduktion anstatt Fremdbezug oder Versicherungen dienen dazu, die Eintrittswahrscheinlichkeit von Risiken zu verringern.

Wirkungsbezogene Maßnahmen dienen zur Verminderung, Begrenzung sowie Kompensation des Schadens. Als Maßnahmen könnten u. a. in Betracht kommen:

- Schadenersatzansprüche geltend machen
- Abgeschlossene Versicherungen in Anspruch nehmen
- Forderungen stellen und für Nichteinhaltung mit Sanktionen hinterlegen
- Reduzierung des Lieferantenanteils
- Substitution des Lieferanten

5.7 Bewertung und Auswahl risikopolitischer Maßnahmen

Aufgrund der Bewertung der vom Lieferanten ausgehenden Risiken können potenzielle Risikoquellen bzw. -indikatoren erkannt und auf diese individuell reagiert werden. Die Möglichkeit, Folgemaßnahmen unmittelbar einzuleiten, ist gegeben.

Kriterien für die Ergreifung und Intensität der Maßnahmen können sein:

- Wichtigkeit des Lieferanten für das Unternehmen
- Ersetzbarkeit des Lieferanten durch Alternative Sourcing Quellen oder innovative Technologielösungen
- Potenzial des Lieferanten für Eigenleistungen bzw. -optimierung

Mit der gezielten Auswahl von Maßnahmen ist sicher zu stellen, dass diese effektiv und konsequent umgesetzt werden, um letztendlich den drohenden Schadensfall abzuwehren.

5.8 Zusammenfassung

Abschließend ist festzuhalten, dass

> im Risikomanagement nicht nur die Erfüllung einer gesetzlichen Vorschrift, sondern ein Fortschritt für jedes Unternehmen zu sehen ist.

Risikomanagement verleiht dem Unternehmen Sicherheit, mögliche Risiken rechtzeitig zu erkennen und ihnen entgegenwirken zu können sowie bei Eintritt eines Risikos ein standardisiertes Vorgehen zur Hand zu haben, um den Schaden so gering wie möglich halten zu können.

Der hier erarbeitete Fragebogen wird in naher Zukunft an die ersten Lieferanten versendet werden. Die Auswertung der Ergebnisse wird aufschlussreich für den Bereich Beschaffung sein und diesen befähigen, früher als zuvor, bei potenziellen Risiken einzuschreiten und diesen entgegenzuwirken.

Anhang

Das Rad muss nicht unbedingt neu erfunden werden.

In diesem Sinne ergänzen die nachfolgend als Abbildungen dargestellten Beispiele aus der Einkaufspraxis der WITTENSTEIN AG die bisherige Darstellung.

Bewertungs-kriterien	Klasse 1 sehr gut	Klasse 2 gut	Klasse 3 befriedigend	Klasse 4 ausreichend	Klasse 5 mangelhaft	Klasse 6 ungenügend
Qualität						
Qualitätswert	QZ = 100 Fehlerquote 0 ppm	QZ 99,70 bis 99,99 Fehlerquote 3000 ppm	QZ 99,50 bis 99,69 Fehlerquote 5000 ppm	QZ 99,30 bis 99,49 Fehlerquote 7000 ppm	QZ 99,00 bis 99,29 Fehlerquote 10000 ppm	QZ 0,00 bis 89,99 Fehlerquote > 10000 ppm
Dokumentation	Vollständig vorhanden und korrekt	Vollständig vorhanden, aber fehlerhaft	Innerhalb 3 Tagen vollständig vorhanden und korrekt	Innerhalb 10 Tagen vollständig vorhanden und korrekt	> 10 Tagen vollständig vorhanden und korrekt	Mindestens ein Dokument nicht verfügbar
Logistik						
Mengentreue	100 %	Unter-/Über-schreitung bis < 1%	Unter-/Über-schreitung 1 % bis < 3%	Unter-/Über-schreitung 3 % bis < 5%	Unter-/Über-schreitung 3 % bis < 10%	Unter-/Über-schreitung 10 % und mehr
Lieferfrist	Sehr kurz	Kurz	Angemessen	Manchmal lang	Lang	Sehr lang
Termintreue	Pünktliche Lieferung	Verzug 1 Tag	Verzug 2 bis 3 Tage	Verzug 4 bis 5 Tage	Verzug 6 bis 10 Tage	Verzug mehr als 10 Tage
Preis						
Preisentwicklung	Absolute Preistreue	Kaum Preisabweichung	Normale Preisentwicklung	Häufige Preisabweichung	Sehr häufige Preisabweichung	Extrem unsicher
Preisniveau	Liegt unterhalb sämtlicher Konkurrenten	Liegt unterhalb der meisten Konkurrenten	Liegt so hoch wie die meisten Konkurrenten	Liegt oberhalb vieler Konkurrenten	Liegt oberhalb der meisten Konkurrenten	Liegt oberhalb sämtlicher Konkurrenten
Unternehmen						
Service	Sehr gut / kompetente Ansprechpartner	Gut	Durchschnittlich	Schwierigkeiten bei Rückfrage	Kaum vorhanden	Nicht vorhanden
Innovationsniveau	Vorbildlich / sehr hoch	Hoch	Durchschnittlich	Niedrig	Sehr niedrig	Keine Innovation
Bonität	Hervorragend	Gut	Durchschnittlich	Schlecht	Sehr schlecht	Extrem schlecht

Abbildung 41: Die Bewertungskriterien und -regeln im Überblick

Anmerkung:

Eine Differenzierung der Bewertungsregeln nach Produktgruppen ist nicht vorgesehen.

Sehr geehrte Frau/ Herr,

anbei erhalten Sie im Auftrag Ihres zuständigen Einkäufers Frau/ Herr xx Ihre aktuelle Lieferantenbewertung, Bewertungszeitraum 01.01.10 – 30.06.10.

Bei inhaltlichen Fragen bitte ich Sie, sich direkt an Ihren zuständigen Einkäufer zu wenden.

Freundliche Grüße,

Lieferant 10020	Lieferant Mustermann
Bewertungskriterien	Geschäftsperioden 09/10-1
Qualitätswert	1
Dokumentation	1
Mengentreue	2
Lieferfristen	2
Termintreue	1
Preisentwicklung	1
Preisniveau	2
Service	1
Innovationsniveau	1
Bonität	2
Gesamtnote	1,35

Abbildung 42: Information des Lieferanten über die Bewertungsergebnisse (Einzelnote und Gesamtnote)

Anmerkung:
Die Bewertungsergebnisse wurden gewichtet und gerundet.

Lieferantenselbstbewertung

1	Allgemeine Angaben

1.1 Lieferant

- Firma
- Anschrift

- Telefon _____ Fax _____
- E-Mail
- Internet
- Branche

1.2 Angefragtes Produkt- bzw. Teilespektrum

2	Angaben zum Unternehmen

2.1 Verantwortlichkeiten (Bitte fügen Sie ein Organigramm bei)

	Name	Telefon und E-Mail
Geschäftsleitung		
Technisch		
Kaufmännisch		
Produktion		
Qualitätswesen		
Verkauf		

Lieferantenselbstbewertung

2.2	Gehören Sie einer Unternehmensgruppe an?	
	☐ ja ☐ nein	
	Wenn ja, welcher? _____	
2.3	Handelsregister-Nr. und Eintragungsort	
	_____	
2.4	Anzahl der Beschäftigten	
	_____	
	Davon in F & E _____	
2.5	Umsatz der letzten 3 Geschäftsjahre	
	Vorletztes GJ Letztes GJ Laufendes GJ	
	_____ _____ _____	
2.6	Referenzkunden (Name und Branche)	
	_____	
	_____	
	_____	

3	**Zertifikate und Zulassungen** (Bitte fügen Sie vollständige Kopien der Zertifikate, Zulassungsschreiben, Kundenaudits etc. bei)
3.1	**Gibt es ein QM-System?**
	☐ ja ☐ nein
3.2	**Ist das QM-System zertifiziert?**
	☐ ja ☐ nein
	Wenn ja, nach welcher Norm und wann? _____
	_____
	_____
	Zertifizierung durch wen? _____
	_____

WITTENSTEIN

Lieferantenselbstbewertung

3.3	Ist eine Zertifizierung angestrebt?
	☐ ja ☐ nein
	Wenn ja, welche und wann? _____
	_____
	_____
3.4	Von welchen Unternehmen wurden Sie bereits auditiert?
	_____
	_____
	_____

4	Produktionstechnologie
4.1	Welche Fertigungsverfahren sind vorhanden?
	Intern
	_____
	_____
	_____
	_____
	Extern (bitte Zulieferunternehmen angeben)
	_____
	_____
	_____
	_____
4.2	Nach welchen Standards (z.B. ESA-, NASA-, IPC-Standard) produzieren Sie elektronische Baugruppen?
	_____
	_____
	_____

Lieferantenselbstbewertung

4.3 **Maschinenpark**

(Bitte fügen Sie eine vollständige Maschinenliste bei)

4.4 **Welche Toleranzen sind prozesssicher herstellbar (untere Grenze)?**

_____

_____

4.5 **Für welche Losgrößen ist Ihre Fertigung eingerichtet?**

	Prototyp	Serie
min	_____	_____
max	_____	_____

4.6 **Nutzen Sie elektronische Medien zum Datenaustausch?**

☐ ja   ☐ nein

Wenn ja, welche?   Kaufmännisch (z.B. DFÜ)

_____

_____

Technisch (z.B. IGES, DXF)

_____

_____

4.7 **Werden auftragsbezogene Fertigungspapiere erstellt?**

☐ ja   ☐ nein

4.8 **Sind Arbeitspläne vorhanden?**

☐ ja   ☐ nein

4.9 **Ist eine Chargenverwaltung vorhanden?**

☐ ja   ☐ nein

4.10 **Verfügen Sie über Erfahrungen mit konstruktionsbegleitender Beschaffung?**

☐ ja   ☐ nein

Lieferantenselbstbewertung

5	Qualitätssicherung
5.1	Ist ein QM-Handbuch vorhanden? ☐ ja ☐ nein
5.2	Welche Mess- bzw. Testeinrichtungen sind vorhanden?
5.3	Verfügen Sie über eine durchgängige Prüfmittelüberwachung? ☐ ja ☐ nein
5.4	Sind Prüfpläne und Prüfanweisungen vorhanden? ☐ ja ☐ nein
5.5	Führen Sie Wareneingangsprüfungen bei Kaufteilen und ausgelagerten Prozessen durch? ☐ ja ☐ nein
5.6	Bewerten Sie regelmäßig Ihre Lieferanten? ☐ ja ☐ nein
5.7	Führen Sie Fertigungszwischenprüfungen durch? ☐ ja ☐ nein
5.8	Wenden Sie Werkerselbstprüfung an? ☐ ja ☐ nein
5.9	Führen Sie Endprüfungen durch? ☐ ja ☐ nein
5.10	Werden die Messergebnisse bei Endprüfungen dokumentiert? ☐ ja ☐ nein
5.11	Welche Prüfbescheinigungen können Sie ausstellen?
5.12	Ist ein Dokumentenverwaltungssystem vorhanden? ☐ ja ☐ nein

Lieferantenselbstbewertung

5.13 Wie erfolgt die Handhabung von fehlerhaften Teilen?

5.14 Wie erfolgt die Abwicklung von Reklamationen?

5.15 Werden Reklamationen ausgewertet?
☐ ja ☐ nein

5.16 Werden Korrekturmaßnahmen aus den Reklamationen erarbeitet?
☐ ja ☐ nein

5.17 Wie ist Ihr „Frühwarnsystem" zum Kunden organisiert, z.B. bei Materialabkündigungen, technischen Problemen, Beschaffungsschwierigkeiten, Ausschuss, Lieferverzug?

5.18 Wie hoch ist Ihre Liefertreue (in %)?

6	Kennzeichnung

6.1 Ist ein Kennzeichnungsverfahren für Produkte vorhanden?
☐ ja ☐ nein

Wenn ja, welches?

6.2 Kennzeichnen Sie Produkte nach Kundenwunsch?
☐ ja ☐ nein

WITTENSTEIN

Lieferantenselbstbewertung

7	Verpackung, Konservierung, Lagerung, Transport

7.1 Welche Verpackungsmaterialien werden verwendet?

_____

_____

7.2 Sind Sie bereit, vom Kunden bereitgestellte Verpackungen zu verwenden?

☐ ja   ☐ nein

7.3 Können Teile konserviert werden?

☐ ja   ☐ nein

7.4 Welche Belieferungssysteme bieten Sie an?

☐ Just-in-Time

☐ Kanban

☐ sonstiges

_____

_____

7.5 Wie erfolgt der Versand zum Kunden?

☐ Spedition

☐ Eigene Fahrzeuge

☐ sonstiges

_____

_____

Lieferantenselbstbewertung

8	Vertragsbedingungen

8.1 Welche Gewährleistung / Garantie geben Sie?

_____
_____
_____

8.2 Wie sind Ihre Zahlungs- und Lieferbedingungen?

_____
_____
_____

8.3 Sind Sie bereit, beigelegte Geheimhaltungsvereinbarung zu akzeptieren?

☐ ja   ☐ nein

8.4 Haben Sie eine Produkthaftpflichtversicherung?

☐ ja   ☐ nein

Wenn ja, in welcher Höhe? _____

(Bitte fügen Sie eine Kopie bei)

_____   _____   _____
Ort, Datum   Name, Abteilung / Position   Unterschrift

Bitte zurücksenden an:

WITTENSTEIN AG
Beschaffung
Walter-Wittenstein-Str. 1
97999 Igersheim

Tel.: +49 (0) 7931 / 493-0
Fax: +49 (0) 7931 / 493-10302

Abbildung 43:   Lieferantenselbstbewertung (Fragebogen)

Anmerkung:

Das als Lieferantenselbstbewertung bezeichnete Formular ist identisch mit der üblicherweise bezeichneten Lieferantenselbstauskunft.

Eine Überprüfung und Ergänzung der Antworten erfolgt gegebenenfalls im Rahmen eines Lieferantenaudits.

Literaturverzeichnis

http://www.bundesbank.de/Publikationen/Statistiken/Statistische Sonderveröffentlichungen/Statistische Sonderveröffentlichungen 6, Juni 2017

Hartmann, H., Lieferantenmanagement: Gestaltungsfelder – Methoden, Instrumente – Deutscher Betriebswirte-Verlag, 3. Auflage, Gernsbach 2015

Ders., Bestandsmanagement und -controlling, 3. Auflage, Gernsbach 2017

Ders., Materialwirtschaft: Organisation, Planung, Durchführung, Kontrolle, 9. Auflage, Gernsbach 2005

Ders., Modernes Einkaufsmanagement – Global Sourcing – Methodenkompetenz – Risikomanagement, 2. Auflage, Gernsbach 2014

Orths, H., Einkaufscontrolling als Führungsinstrument – Tipps und Tools für den Erfolg, Deutscher Betriebswirte-Verlag, 2. erw. und erg. Auflage, Gernsbach 2010

http://www.wittenstein.de – Wittenstein AG Hompage, September 2012

Stichwortverzeichnis

ABC-Analyse 142
A-Lieferanten 69 ff., 108 ff., 110, 117
Anforderungskriterien 16, 21, 28, 36 ff., 41 ff., 48 ff., 92, 97, 111, 127
- der Lieferleistung 16
- der Leistungsfähigkeit 16
s. auch Bewertungskriterien
s. auch Kriterien
Anfragephase 20, 122
Attributive Skalierung 56
Auditierung 69, 75, 78, 119, 122 f.
Auswahlkriterien 21, 36
Bearbeitungszeit 47 f.
Bestandsmanagement 44, 121
Beurteilungsteam 33, 55 f., 82, 92 f., 117, 122, 147
s. auch Review-Team
Bewertungsklassen 138 ff.
s. auch Klassifizierungsgrenzen
Bewertungskriterien 24, 63 f., 87, 142 f., 146 f., 153, 157
s. auch Anforderungskriterien
Bewertungsregeln 35, 48 f., 144, 157
Bewertungsskala 55, 92, 94
Bewertungssystematik 39, 42, 47 ff., 104, 119, 121, 130, 144
Bewertungstableau 50, 55, 96, 130 ff., 143
Bewertungsverfahren 62, 80, 82, 99, 115, 130
Bilanzkennzahl 70, 111
B-Lieferanten 117
Bonität 20, 42, 45, 75, 104 f., 123, 145 f.
Bonitätskennzahl 99, 103, 105 ff., 110
Checklisten 28, 33, 50 ff., 117, 119, 123, 151

C-Lieferanten 127
Coast Break Down 21
Creditreform 21
Datenpflege 20, 49, 67, 119
Digitale Vernetzung 69
Eigenoptimierung 26, 64, 140
Einkaufsvolumen 65, 117, 126 f., 138, 140, 142
Eintrittswahrscheinlichkeit 42, 110, 152, 154
Einzelnoten 82, 141
Elemente 17, 23, 39, 70, 95, 99, 105, 107
s. auch Teilkriterien
Erfüllungsgrad 45, 47 f., 50, 55, 72, 80, 100, 102 ff., 119, 130
Ergebnisanalyse 34, 37
Ergebnisbewertung 20, 24, 115, 120
ERP-System 22, 49, 115, 117, 121, 132
Erstkontakt 68, 72
Erstmuster 69, 101
Ertragskraft 30, 110
Excel 18, 56, 105, 117, 122
s. auch Kalkulationsprogramm
Externe
    Wertschöpfungskompetenz 24
Fehler-Früherkennung 23
Finanzaudit 75 ff., 108, 111
Finanzkraft 21, 45, 67, 104 f., 123, 146
Firmenportrait 69
s. auch Lieferantenselbstauskunft
Flexibilität 38, 45, 59, 123
Fragebogen 69 ff., 74, 77, 151 f., 155, 166
s. auch Checklisten
Gesamtnoten 141
Gewichtsverteilung 19, 143

Gewichtung 16, 35, 42 ff., 60, 79 ff., 91 ff., 120 f., 142, 145 ff.
- der Zuverlässigkeitskriterien 44
- der Potenzialkriterien 44
Gewichtungsbäume 47
Gewichtungsproblematik 44, 46, 119
Grundsätze 114, 118
Hard Facts 24, 38, 123, 142 ff.
Hauptkriterien 39, 42 f., 45 f., 95, 120 f.
Hebellieferanten 117
Hürdenprinzip 29
Informationsgewinnung 67 f.
Insolvenz 110
Insolvenzrisiken 42, 75
Jahresabschlussbericht 142
Jahresabschlüsse 105, 108
JiS-Zeitalter 121
JiT-Zeitalter 121
K.O.-Kriterium 46
Kalkulationsprogramm 56, 117, 122
s. auch Excel
Kennzahlen 57 f., 76, 78, 99, 105, 139, 146, 149
Klassifizierung 35, 63, 65, 67, 88 f., 107, 118, 144
Klassifizierungsgrenzen 62
s. auch Bewertungsklassen
Konsignationslager 22
Kostenmanagement 120
Kostenstruktur 28, 67, 71
Kostentransparenz 55, 71
Kriterien 21 ff., 34, 37 ff., 42 ff., 50, 72, 75, 78, 103 ff., 112, 117 ff., 127 f., 135, 142 f., 154
s. auch Haupt- u. Teilkriterien
s. auch Anforderungskriterien
Kriterienblock 50, 95, 104, 131
Kunden-Lieferantenbeziehungen 24, 30 f., 104
Lagerstrategie 22

Leistungsfähigkeit 16 ff., 23 ff., 28, 34, 38, 42, 44 ff., 64, 67, 69, 79, 91, 95, 105, 115 ff., 120 ff., 128
Leitlinien 113
Liefer- und Zahlungsbedingungen 21
Lieferant
- ausgezeichnet 27 ff., 62 f., 92
- bevorzugter 64
- geeigneter 64
- nicht annehmbarer 64
- strategisch wichtiger 20
- umsatzstarker 20
- zugelassener 22, 124
Lieferantenaudit 20, 78, 117, 150, 167
Lieferantenauswahlprozess 95, 138
Lieferantenauszeichnung 27, 134 f.
Lieferantenbesuch 20, 78, 123
Lieferantencockpit 144, 148 ff.
Lieferantencontrolling 17, 24, 29, 78, 111, 144
Lieferantenentwicklung 25 f., 29 ff., 32, 35, 64, 80, 112, 150
Lieferantenfragebogen 69 ff., 74, 151 ff., 166
Lieferantenmanagement 17, 26, 29, 32, 42, 62, 65, 75, 104, 117, 126, 136 ff.
Lieferantenportfolio 24, 65 f., 127, 141, 150
Lieferantenpyramide 62
Lieferantenqualifizierungsprozess 24
Lieferantenqualität 18 f., 24
Lieferantenrating 105, 108
Lieferantenselbstauskunft 21, 69, 71 f., 74 f., 111, 167
s. auch Firmenportrait
s. auch Lieferantenselbstbewertung

Lieferantenselbstbewertung 138, 159 ff.
s. auch Lieferantenselbstauskunft
Lieferantentage 63
Lieferfähigkeit 28
Liefertreue 28, 132, 142, 144, 149
s. auch Terminzuverlässigkeit
Liquidität 104
Liquiditätsengpass 103
Logistik 18, 20, 28, 38, 123
Maßnahmenkatalog 90 f.
Mengenindex 82, 85
Mengentreue 59, 142, 144, 149
s. auch Mengenzuverlässigkeit
Mengenzuverlässigkeit 18, 37 f., 59
s. auch Mengentreue
Mischsystem 23, 95, 119, 128, 143
Modul I 18, 24, 34, 37, 44, 46, 79, 118
Modul II 18, 24, 34, 38, 44, 46, 79, 118
Notensysteme 78 ff., 91, 93
Nutzwertanalyse 79
Ökologie 20, 42, 120
Online-Plattform 69
Outphasen 26, 118, 122
Planungsqualität 60, 117, 119, 123
Portfolioanalyse 117, 151
Potenzialanalyse 20, 23, 50, 71, 104 f., 116
Potenzialbewertung 24, 115, 119, 122
Potenzialkriterien 44, 119 f.
Preisniveau 21, 116, 127, 142, 146
Preisratio 23
Problemlösungen 47
Produktion 18, 20, 23, 31, 33, 63, 123
Projektteam 16, 33 ff., 38, 44 ff.

Prüffragen 56, 117, 122
Punktbewertungsverfahren 78, 93 ff.
Qualitätsaudit 75
Qualitätsfähigkeit 67
Qualitätsindex 60, 62, 82 ff., 90
Qualitätskennzahl 99 ff.
Qualitätsmanagement 21, 23, 47, 67, 70 f., 117, 123, 147 f.
Qualitätsservice 23
Qualitätssicherung 20, 33, 64
Qualitätswertzahl 124, 142, 145, 150
Qualitätswesen 21
Qualitätszuverlässigkeit 43
Reaktionszeit 47 f., 103
Review-Team 21 ff., 122
s. auch Beurteilungsteam
Richtwerte 114, 118 f.
Risiken 24, 29, 150 ff.
- Gesamtrisiko 152
- Einzelrisiken 152 f.
Risikoanalyse 150
Risikobewertung 111, 118, 151
Risikoindikator 103, 105 ff.
Risikoklasse 107 f., 110
Risikomanagement 17, 69, 150, 155
Risikomanagementsystem 150
Risikopolitische Maßnahmen 154
Schadensfall 151, 155
Scheingenauigkeit 45, 47, 119
Schlüssellieferanten 117
Schulnoten 55, 79, 81, 115
Schulnotensystem 80, 82
Selbstauskunft 21, 69
s. auch Lieferantenselbstauskunft
Service 38, 42, 47 f., 50, 120, 123, 146
Skalierung 48, 56, 80 ff., 93 ff., 97, 115, 122, 130, 144, 153
Soft Facts 20, 38, 123, 142 f., 146 f.
s. auch Soft Skills

Soft Skills 20, 38
s. auch Soft Facts
Software 35, 117
Soll-Ist-Abweichung 56, 122
Stammdaten 69
Stärken-Schwächen-Analyse 29, 112
Supplier Relationship Management-System 69
Supplier-Award 139
Supply Chain Management 104, 121
Support-Maßnahme 26
Technisches Know-How 42, 104
s. auch Know-How
Teilkriterien 39, 41 f., 45 ff., 50, 56, 95, 116, 120 f., 128 ff.
s. auch Elemente
Terminänderungen 49, 57, 116
Terminzuverlässigkeit 37, 43, 49
s. auch Liefertreue
Transparenz 28, 79, 97, 103 f., 118
Umsatzentwicklung 21
Verschwendung 119
Versorgungsrisiko 24
Versorgungssicherheit 19, 21, 45, 52, 104, 120
Vier-Notensystem 82
Vorauswahl 21, 122, 138, 142
Vorzugslieferanten 138, 140
Wareneingang 18, 24, 37, 49, 59, 67, 87, 89, 102, 115, 121, 123, 144 f.
Wareneingangsdaten 90
Wertbeitrag 24, 30
Wertschöpfungskette 30, 139, 140, 150
Wertschöpfungspartner 141, 147, 152
Win-Win-Konzept 30
Wirtschaftlichkeit 45, 51, 71, 104, 118

Zusammenarbeit 29 f., 38, 47 f., 65, 126, 130, 138 f., 142, 147 f.
Zuverlässigkeitskriterien 38, 44 f., 119 f.

Printed by Libri Plureos GmbH
in Hamburg, Germany